数字化的力量

THE POWER OF DATAFICATION

第2版

郭为 著

机械工业出版社
CHINA MACHINE PRESS

图书在版编目（CIP）数据

数字化的力量 / 郭为著 . --2 版 . -- 北京：机械工业出版社, 2025.8（2025.9 重印）. -- ISBN 978-7-111-78858-4

I. F492.3

中国国家版本馆 CIP 数据核字第 2025C9Q794 号

机械工业出版社（北京市百万庄大街 22 号　邮政编码 100037）
策划编辑：白　婕　　　　　　　责任编辑：白　婕　王　芹
责任校对：高凯月　杨　霞　景　飞　　责任印制：常天培
北京联兴盛业印刷股份有限公司印刷
2025 年 9 月第 2 版第 2 次印刷
170mm×230mm・16.75 印张・3 插页・182 千字
标准书号：ISBN 978-7-111-78858-4
定价：99.00 元

电话服务　　　　　　　　　　网络服务
客服电话：010-88361066　　　机 工 官 网：www.cmpbook.com
　　　　　010-88379833　　　机 工 官 博：weibo.com/cmp1952
　　　　　010-68326294　　　金　书　网：www.golden-book.com
封底无防伪标均为盗版　　机工教育服务网：www.cmpedu.com

FOREWORD　推荐序一

郭为先生与我同龄，自我回国之后，我们多有交流。虽然他经营企业，我做研究，但由于教育背景相似，且对国内软件行业有共同的期盼，我们在交谈中总能碰撞出灵感，畅快时还会一醉方休。每次听他侃侃而谈，我都能感受到一个企业家对时代的思考、对产业的抱负和对技术的追求。

从业30余年来，郭为先生对数字化不断进行探索和思考，从企业家的视角洞察数字化浪潮，深入开展企业数字化实践，形成了很多有意思的观点，并且渐成体系。本书是他30余年来实践和思考的阶段性总结。虽然有些观点我在学术界接触不多，但有些问题我却颇有共鸣。

在数字文明的浪潮下，数据规模呈指数级增长，由此形成的新规则、新知识不仅为我们揭示了更为真实的万物真相，也为我们认识世界、改造世界提供了新的助力。当然，这些影响也可以分为正反两面。正面影响如Alphabet旗下的人工智能公司DeepMind推出的蛋白质结构预测工具，它能大幅加快新药物的研发进程。负面影响如剑桥分析公司通过数据分析和信息精准投放，影响欧美多个国家的大选，导致有些选举结果"爆冷"，震惊了欧美政坛，也颠覆了公众的认知。无论是正面影响还是负面影响，都让人们认识到了数据所具有的通晓、预知及自我进化的力量,也使全世界越来越重视数据的巨大价值。如今,对数据的研究及应用使产业、社会治理等都进行着深刻变革。

  与此同时,海量数据也对我们提出了挑战。如何认知数据的应用价值,如何读懂数据中所蕴藏的真相,如何从不同的数据源中抽取、归纳、挖掘知识,基于什么理论、使用什么工具来存储、管理和分析大数据,以及数据的伦理边界在哪里等问题,成为政府、学术界及产业界的共同课题。数据科学是计算机领域的新制高点,是人工智能的基础,代表了一个国家的软实力。同时,国内的场景需求也出现了爆炸式增长,我们遇到的难题大多是世界前沿的难题。这不仅给我们带来了挑战,也带来了机遇。唯有政府、学术界及产业界共同发力,致力于基础研究,创新核心技术,打造原创系统,才能扭转国内软件行业长期被"卡脖子"的现状,在数据科学这一前沿领域跻身世界前列。

  在本书中,郭为先生以宏观的视角、大众化的语言,对企业数字化转型的理念、战略及路径提出了建议,颇具借鉴意义。

樊文飞

中国科学院外籍院士

英国皇家学会院士

英国皇家工程院院士

英国爱丁堡大学信息学院首席教授

深圳计算科学研究院首席科学家

FOREWORD 推荐序二

郭为自 2000 年创立神州数码以来，便在信息技术和数字化领域持续不断地进行着实践与探索。其间，他对信息技术的应用和发展进行了深刻的思考，积累了丰富的实践经验。现在，他把这些思考和实践经验总结出来与大家分享，实在是难能可贵。作为他的老师，我深感欣慰。

我们正身处数据的海洋当中，大数据已经变成了我们这个时代的符号。数字化演进也因此成为信息系统学科乃至经济管理领域非常关注的一个话题。随着信息技术与经济社会活动的不断融合，数字化演进经历了不同的形态。受信息技术快速进步和应用情境动态变化的双重影响，数字化被不断赋予新的内涵。近些年来，数字化的重点也从过去的企业内部信息化，如 ERP（企业资源计划）和"两化融合"⊖，发展到当前的企业与社会的数智化，如基于数智赋能的数字化转型和数字社会。新一轮数字化浪潮正在以前所未有的速度改变我们对世界的认知，颠覆我们的生产和生活方式。

时代的变化如此猛烈，我们应该敏锐且主动地感知和了解这一变化，同时，不管是企业还是个人，都要做好准备并做出响应，因为数字化作

⊖ 信息化和工业化深度融合发展，即"两化融合"。

为一个时代的主题会伴随我们相当长的时间。而郭为作为这一领域的先行者和探索者，对我们所要遇见的、面对的那些变化、冲击和挑战的感受更加深刻，对数字化带来的机遇以及可能的创新和发展空间也更加敏锐。

郭为试图以企业家的视角把自己的感受传递给读者。本书既有实践场景和时代印记，也有精辟的思想和前瞻的洞察，从颠覆性技术、经济生态重构和数字驱动引擎的维度对数字化进行了重新审视，并从云原生、数字原生的角度探讨了数字化的新形态，为读者呈现了别有见地的数字化演进新图景。

陈国青

清华大学文科资深教授

清华大学第 11 届校学术委员会副主任

清华大学经济管理学院讲席教授

FOREWORD　推荐序三

郭为在IT领域摸爬滚打多年，对数字化给这个时代带来的翻天覆地的改变有着比一般人更加深刻的感受。他在本书一开篇就提到阿尔文·托夫勒的《第三次浪潮》，描述了该书在20世纪80年代初期给中国带来的冲击波。我相信，这对他个人的观念形成和职业发展也产生了巨大影响。

同样在当时的中国引起轰动的还有约翰·奈斯比特的《大趋势》。该书最主要的观点是：我们正在进入信息社会。试想一下，美国当时还是IBM商用机的时代，乔布斯让电脑进入普通家庭的梦想才刚起步，甚至图形界面和鼠标都还没有进入普通人的视野，而Windows系统在3年之后才面世。

新冠疫情期间，我又看了一遍《大趋势》。该书提出的十大趋势，除了信息社会，还有高技术与高情感的平衡、世界经济、长期思维、分散化、自助、共同参与民主制、网络组织、从北到南、选择多样性。后九大趋势可以视为信息时代社会经济、政治、文化方面的相应变化。如今，从经济层面来看，高技术与高情感的平衡，不正充分体现在脸书（Facebook）、微信和抖音上吗？经济的全球化甚至已经发展到了反思调整阶段，网络组织也已经得到了普遍认可。某种程度上，奈斯比特当年的判断在40多年后基本都得到了验证。

当然，做出合理的趋势判断还有个方法问题。奈斯比特的判断基于对当年美国几千份地方性报纸的文本分析，其基本原理是创新发展来源于社会基层。不同国家、不同时代的情况不一样，在今天的中国，我们又该如何把握未来的趋势呢？这同样是值得我们思考的问题。

《数字化的力量》这本书很好地回答了这个问题。作者基于自己 30 余年的从业经历，总结了他对数字时代的深刻认知，并对数字化进行了深度解读，更以自己独特的实践视角，勾勒出数字文明的星辰大海，帮助读者提升认知水平以获得新的世界观。更重要的是，作者还在新的认知基础上提出，企业数字化转型是对商业模式和企业价值的重构，是对企业竞争力的综合提升，并且规划出企业数字化转型的四条可行路径：资产数据化、产业数联、决策数智化和企业无边界化。在本书中，作者对这四条路径做出了很好的阐释。

我认同并欣赏作者关于数字时代企业转型的观点。在时代认知层面，本书可以帮助我们更好地理解数字化的内涵及其广泛深远的影响；在企业转型实操层面，本书提出了很多可行的思路和路径。从这两个层面来看，本书迈出了坚实的一步，相信对企业经营者会有很多的启发。

未来已来。今天重提托夫勒和奈斯比特，是想强调我们应主动适应并参与创造数字时代的文明，正所谓"脚踏实地，仰望天空"。在企业界，数字化转型是大势所趋，是已来的未来。本书既是对数字化新文明所做的探索，也是对探索所做的总结，期待这些探索和总结可以引发出更多的创新与实践。

陈春花

管理学者

上海创智组织研究院院长

PREFACE 再版序

  2022年《数字化的力量》一书出版，这本书凝聚了我从业30多年的思考与实践经验，也是我对自己的数字化认知的一次深度总结。自这本书出版以来，我与企业界、学术界的朋友进行了频繁而广泛的交流。在交流的过程中，我们的思维、观点不断碰撞，由此产生的火花常常让我有醍醐灌顶之感，我对数字化的理解因此更加深入。我开始对过去的战略进行审视、推敲，并不断纳入新的元素。最终，经过不断地解构、重构，一个关于企业数字化转型的全新战略——"数云融合"形成了。

  信息化主要是以提高企业效率为核心的，而数字化的根本目的在于不断形成和积累企业数据资产，从而创造企业新的增长飞轮。所有数据资产的形成将会支撑企业追求业务敏捷化、业务快速迭代和业务增长的第二曲线。在整个数字化转型的过程中，企业第一步要做业务的数据化，第二步要做数据的业务化，一旦形成循环就启动了增长飞轮，这个增长飞轮是"数云融合"最核心的部分。

  所谓"数云融合"，"数"是指企业所积累的数据，包含技术诀窍（Know-How）、逻辑、用户画像等，我把它们叫作数据资产，而"云"是指支撑整个数据管理的技术平台、技术工具。对这些数据资产进行管理、应用和运算的则是数云融合技术体系架构。

数云融合战略是以云原生为基础的。我认为，未来整个 to B（面向企业）业务都将建立在云的架构上，这是对传统技术范式的颠覆。传统信息技术是由一个服务器带动一个应用，所以很多企业的一系列应用之间是割裂的，而不是构成一个系统。在早期信息化的过程中，为了提升效率，企业只能人为地把应用切割掉，这种切割给企业的数字化转型制造了极大的阻碍。如今企业要实现数字化转型，就要实现技术的颠覆，要"生在云上，长在云上"。乔布斯之所以伟大，一个很重要的原因就是他让我们感受到了云的存在。"云"（cloud）是指通过互联网提供计算资源（如服务器、存储、数据库、软件等）的服务模式，它所带来的是以用户为中心的便利性和开发过程的敏捷性。云原生技术范式的颠覆是革命性的，它真正使人类进入了数字时代，因为在传统架构下我们只能实现信息化，不可能实现数字化。云包括公有云、私有云和混合云等，所以，未来所有企业都会在云原生的体系里进行多云融合。

云的底层逻辑是利用容器技术承载数据，实现多云之间的快速流动。通过数据的流动打通产业，就是重构，就是产业再造。云给中国企业和企业家带来了千载难逢的机会，因为传统的 IT 一定会被淘汰，取而代之的是不断更新的数字技术。与之相应地，传统的基础设施也不再满足数字时代的需求，取而代之的是数字化基础设施。数字化基础设施是整个数云融合战略的基石，为技术架构和最核心的增长飞轮提供了不可或缺的支撑。

数字化基础设施的建设（简称数字基建），又为人工智能的发展奠定了坚实的基础。在数字化基础设施的支撑下，AI 技术加速走向普惠化。我们很欣慰地看到，DeepSeek 以开源模式突破技术壁垒，用极低的成本实现了与商业大模型比肩的性能，使 AI 技术从少数科技巨头的专利转变为大众创新的工具。这种转变在全球范围内激发了创新活力，在中国更催生了"通专融合"的独特范式。

从数字基建到 AI 普惠化，再到"通专融合"，中国走出了一条独具特色的 AI 发展道路。这条道路既不是简单的技术模仿，也不是盲目的规模扩张，而是数字基建、技术创新与产业需求的深度融合。当 AI 技术真正融入社会经济的方方面面，我们看到的不仅仅是技术变革，更是一个更加开放、包容的创新生态的形成。这些或许会给我们带来从"跟跑"到"领跑"的历史性转折。

近年来，我先后赴美国及欧洲多国进行学术访问，与当地知名企业和高等院校开展了深入交流。

2023 年上半年，在访问欧洲工商管理学院（INSEAD）期间，多位教授向我分享了他们在数字化影响研究领域的最新成果。令人欣喜的是，他们研究得出的数字化对哲学、文化、历史的社会影响，以及对企业创新和个人生活方式的变革作用，与《数字化的力量》一书的核心观点高度契合，这引发了强烈的学术共鸣。

2024 年 4 月，我与哈佛商学院原高级副院长沃伦·麦克法兰（F. Warren McFarlan）教授进行了深度对话。麦克法兰教授对本书的学术价值给予了充分肯定，并亲自为本书的英文版撰写了推荐语。同年，时任伦敦商学院副院长的朱利安·伯金肖（Julian Birkinshaw）教授对神州数码的数字化转型历程进行了深入研究，并将其编撰为教学案例，纳入商学院案例库。2024 年 5 月，我应伯金肖教授邀请，在伦敦商学院"数字化组织管理"课堂上，就人工智能技术的商业应用及神州数码的创新实践进行专题分享。伯金肖教授告诉我，神州数码的前沿探索为全球商科学生理解数字化商业环境提供了宝贵样本。

2025 年 3 月，我登上英国剑桥大学的讲台，发表了题为"AI for Process：AI 企业落地之路"的主旨演讲，并与艾伦·麦克法兰（Alan MacFarlane）院士、戴维·斯蒂尔韦尔（David Stillwell）教授就 AI 驱动商业创新等议题展开学术研讨，还与现场的剑桥学子展开了一场富有启发性的深入交流。现场互动热烈，充满思想碰撞。

这些跨越国界的学术对话让我深刻体会到"知识无国界"的真谛，也促使我启动《数字化的力量》的修订工作。我想，我应该把我关于数字化转型的最新认知和思考，把数云融合的全新战略分享给大家，以书为桥，连通世界。这是我作为企业家应尽的责任，也是数字时代赋予我的使命。

同时，我也希望数云融合战略能给想要进行数字化转型或者陷入数字化转型困局的企业一些助力，帮助它们找到适合自己的变革路径，更快地积累数据资产、启动增长飞轮，更游刃有余地拥抱数字经济，拥抱美好未来。

PREFACE 初版序

2021年底，虽受新冠疫情的侵袭，苹果、微软等数字科技公司的股价仍创新高，市值突破2.5万亿美元，直逼3万亿美元。是什么推动数字科技公司的股价在过去20年内屡创新高，并使这些公司成为全球经济增长的火车头？是什么使这些公司在过去两年全球经济非常困难的情况下仍然保持高速增长？数字科技的蓬勃发展，带来的是第四次工业革命，还是一个新纪元？

本书追溯过去，着眼现在，展望未来，对数字化的本质及其为人类发展带来的机遇和挑战进行探讨，试图找到上述问题的答案。本书共分为5章。第1章是"奔涌而来的数字文明新浪潮"，从人类文明的进化历程看何为数字化。第2章是"颠覆认知的数据科学"，指出人类历史就是认知不断被颠覆的过程，从数学到数据科学的演进更是彻底颠覆了人类认识世界的方式。第3章是"重构企业价值的数字化转型"，探讨企业作为社会财富的重要生产单元如何运用数字化，从而更深入地理解数字化的特征和价值。第4章是"基于云原生的技术范式创新"，重点探讨数字时代技术范式的特点，以及与传统信息化工具的差别。第5章是"新基建引擎启动，共赢未来"，指出基础设施建设（简称基建）既是时代的象征，也是文明进步的标志，而数字时代的新基建有着崭新的特征，并且为社会发展带来了新动力。我希望从认知的颠覆、技术范式的颠覆、商业模式的颠覆、企业组织方式和产业链的重构，以及以新基建为标志的文明进化新动力等多个维度来探索数字化对我们的影响。

在人类文明的演进过程中，对世界的假设和定义，决定了人类文明的发展方向。古希腊哲人提出了"原子"的概念，把世界定义为是由原子构成的，使人类以物质科学为基础的认知不断进化，从而创造了工业文明的伟大成就。毕达哥拉斯认为"万物皆数"，尽管从牛顿开始，人类就已经把数学作为科学的基础，把自然哲学的数字表达作为现代科学的标志，但人类并没有从根本上认识到"万物皆数"这一真谛。近年来，随着数字化的蓬勃发展，新的认知工具——数据科学出现了。在过去 400 年间，人类文明以前所未有的速度迅猛发展，根本原因就在于科学技术的应用。建立在数学方法上的现代科学技术，让人类意志的力量得到充分展现，让人类文明持续不断地向前发展。人类对科学的认知是从实验室生成数据到解读数据的过程。今天，数据的生成不仅仅依赖于实验，在商业计算和社会计算的过程中，关于人的行为、人与人的关系、人与自然的关系、自然与自然的关系的数据，无时无刻不在海量地产生，如何收集（包括生产）、治理、分析、应用、展示，以及保证法律上的合规及技术上的安全，已经成为全球关注的焦点。利用数字技术构建的数据关系，将颠覆我们的认知，基于这些数据而产生的数据资产，也为我们实现业务的重构创造了条件。同时，数据科学的迅猛发展也使元宇宙从科幻小说走进现实。元宇宙告诉我们，可以创造一个与物理世界并行的数字化的虚拟世界，而对这个新世界的认识和改造，将把人类文明带入一个新纪元。

在数字时代，企业要么数字化，要么被数字化。企业的数字化过程，是一个重构过程，更是一个再认识过程。在工业文明进程中，受原有条件的制约，我们产生了路径依赖，这导致我们忘记了创立企业的初心。亚里士多德不仅间接影响了亚历山大图书馆的建立，点亮了人类文明的智慧之光，更提出了具有深远意义的第一性原理——"任何一个系统都有自己的第一性原理，它是一个根基性命题或假设，不能缺省，也不能违反"。同样，任何一个企业都有其存在的根本逻辑，将这些根本逻辑数字化，就形成了企业的数据资产，而数据资产的形成和积累又推动企业在为用户提供产品或服务的过程中形成敏捷的业务流程，进而提升企业的竞争力。今天的社交网络技术极大地支持了企业的无边界成长，而企业的无边界成长又为更多数据资产的形成提供了坚实的基础。那些在大算力和人工智能的支持下实现了决策流程自动化的企业如同旋转的飞轮，能量越来越大，发展速度越来越快，竞争力越来越强。

数字化进程也离不开技术范式的不断颠覆。以云原生为核心的技术范式在数字时代发挥着越来越重要的作用。对一般消费者而言，"云"似乎很神秘。其实自从苹果公司生产智能手机以来，我们就已经生活在"云"中了。苹果公司的 App Store（应用商店）里有上百万个 App，每个 App 就是一朵"云"。在数字时代，数字消费已成为人们消费的一个重要组成部分。过去，我们打电话是按时间计费的，而今天，我们使用的手机网络是按流量计费的，流量消费就是数字消费。如何提供云，如何转换消费方式，是企业云原生的出发点。尽管云原生还不够成熟，但它带来的技术范式的创新，为实现复杂系统的数字原生、系统间的有机统一和进化，以及数据的全流通创造了技术条件。更重要的是，在云原生技术范式的形成过程中，中国企业与世界同步，或许，这是中国企业在全球范围内实现从跟跑到并跑再到领跑的一个契机。

自古以来，基建既是文明的标志，也是文明进化的推动力。亚历山大图书馆是地中海文明的标志,它的建成极大地推动了人类文明的进程。黄河是中国的母亲河,是中华文明的标志,它的治理不仅促进了华夏民族的大融合,也为农耕文明创造了条件。同样,在数字时代,新基建既是数字文明的标志,也是推动数字文明进化的新动力。无论是全球定位系统还是视频会议系统,都属于数字时代的新型基础设施。而乡村振兴、化解系统金融风险以及碳达峰、碳中和等挑战,既为数字化明确了新的方向,也为中国企业在解决这些挑战的过程中构建新型基础设施提供了方向和依据。

熊彼特对创新的定义是:引入一种新产品,采用一种新的生产方式,开辟一个新市场,获得一种原料或半成品的新的供给来源,实行一种新的企业组织形式。按照熊彼特的定义,数字化就是一次颠覆式创新,这种颠覆式创新不仅仅体现在产品和原料上,也体现在新的市场、新的生产关系以及企业组织方式上。如今,数据已经成为新的生产要素,与传统生产要素不同,它正在以指数级增长的方式滚动产生。

当然,我们必须认识到,数字化演进建立在前人创新的基础之上。甚至可以说,如果没有发现爱迪生效应,就不会有电子管;没有电子管,就不会有电子学;没有电子学,就不会有计算机;没有计算机,就不会有今天的云计算。我们应该向所有的科学家、工程师和企业家致敬。没有工业文明的积累,就不会有数字文明的到来。

未来已来。人类经历了农业文明、工业文明,现在正在开启数字文明。从消费过程的移动支付到数字货币,从制造过程的价值传递到价值共享,从传统的空间认知和城市探索到今天基于数字空间的智慧城市,从层级化的官僚体系到基于数据和云平台的共建、共治、共享的社会治理格局,从高峡出平湖的工程建设到运用新基建构建人类生态文明共同体……人类不断突破认知边界,以前所未有的速度创造更辉煌的文明。

CONTENTS 目录

推荐序一（樊文飞）

推荐序二（陈国青）

推荐序三（陈春花）

再版序

初版序

第 1 章 • 奔涌而来的数字文明新浪潮　　　　　　1

未来已来　　2
阿尔文·托夫勒的预言　　2
点燃数字文明火炬的乔布斯　　5

数字文明的前世今生　　8
工业文明是数字文明的基石　　8
互联网创造的虚拟世界　　16
从数字孪生到数字原生　　19
走向数字原生　　24

元宇宙、虚拟时空与人类未来　　　　　　　　　25
连接现实与元宇宙的 NFT　　　　　　　　　30
生成式 AI：加速逼近科技奇点　　　　　　　32

迈向数字文明的星辰大海　　　　　　　　　　35
数字文明新浪潮已到来　　　　　　　　　　35
拥抱挑战与机遇　　　　　　　　　　　　　39

第 2 章 • 以数据科学重塑数字化思维　　　　　　45

认知的力量　　　　　　　　　　　　　　　　46
人类的进化史，是一次次认知革命　　　　　46
认知无边界，只有不断颠覆　　　　　　　　51

世界是数字的　　　　　　　　　　　　　　　54
从毕达哥拉斯到牛顿　　　　　　　　　　　54
数据科学让世界重归一体　　　　　　　　　57
不变的底层逻辑：第一性原理　　　　　　　62

重新认识数据与数据治理　　　　　　　　　　66
数据的新属性：生产要素与资产　　　　　　66
谁才是数据的主人　　　　　　　　　　　　71
给数据安全加上"紧箍咒"　　　　　　　　77
以数据主权抗衡数据霸权　　　　　　　　　79

以数字化谋未来　　　　　　　　　　　　　　83

数字化是时代发展的必然	83
数字化≠信息化	88

第 3 章 • 数云融合驱动企业数字化转型　　　　93

数云融合打造数字化新引擎　　　　94

数字化转型是企业战略　　　　94

数云融合：数字化转型的全新战略　　　　97

构建数字化转型的成功路径　　　　106

一切资产都可数据化　　　　108

以资产数据化赋能资产　　　　108

从"学不会"到"学得会"　　　　112

产业数联，共生共赢　　　　117

产业数联使产业链共繁荣　　　　117

中台是企业数字化的中枢　　　　121

以决策数智化驱动管理　　　　127

决策数智化让企业越来越智能　　　　127

决策数智化是劳动生产率倍增器　　　　131

生成式 AI 重塑决策模式　　　　134

决策数智化的终极目标：人的价值最大化　　　　136

企业无边界化，方能以无胜有　　　　139

未来的企业靠无边界制胜　　　　139

无边界化"无"在哪里	142
激活个体，赋能组织	146

第 4 章 • 云原生技术范式加速数字化进程　　150

技术范式颠覆是大势所趋　　151
云原生为数云融合提供重要支撑	151
数云融合让技术范式更替成为现实	156
基于云原生的技术范式创新	158

云原生：一场新的"集装箱革命"　　160
从大型机计算到云计算	160
"生在云上，长在云上"	167
抓住机遇，乘云而上	170

软件正在重新定义世界　　176
软件赋予硬件灵魂	176
软件定义一切	181
未来社会：一切皆可编程	185

第 5 章 • 数字基建打造数字经济新动能　　188

数字基建是连接未来的纽带　　189
基建即文明	189
数字基建是数字时代的"黄河"	194

数字基建提速：以云为基，以开源为引擎　　202
云的力量，超乎想象　　202
开源是数字基建的引擎　　207

新蓝图，新未来　　215

第 6 章 • 走出中国特色的 AI 发展之路　　218

AI 普惠化开启技术民主化的新纪元　　219
从 ChatGPT 到 DeepSeek：AI 普惠化的演进　　219
AI 普惠化的真正力量　　221

"通专融合"的东方智慧　　223
AI 发展的巨大挑战　　223
"通专融合"驱动企业拥抱 AI　　226
AI for Process：AI 在企业落地的关键跃迁　　232

后记　　239

参考文献　　242

CHAPTER 1 ▶ 第 1 章

奔涌而来的数字文明新浪潮

1980年,阿尔文·托夫勒在《第三次浪潮》中描绘了未来社会的绚丽蓝图,无数人曾经为之震撼。然而,在40多年后的今天,我们惊讶地发现,未来已来,数字文明新浪潮来势浩荡,带给人类社会一次又一次的冲击。

数字文明并非横空出世。自人类社会形成以来,人类文明就进入了一个漫长的演进过程。从农业文明到工业文明,再到信息文明,每一次新文明的诞生都是以旧文明为基石的。工业文明为数字文明奠定了基础,计算机的发展为数字文明做好了硬件准备,而互联网的出现则创造了一个全新的虚拟世界,为人类打开了通向数字化世界的大门。

回首数字文明的前世今生,我们更加确信,这场新浪潮的到来是一种必然。如今的我们已然站在一个大变革、大调整和大分化的转折点上,我们的选择将决定未来。拥抱变化,拥抱新技术,拥抱数字时代的机遇与挑战,是我们必须走的路。

未来已来

阿尔文·托夫勒的预言

1980年,阿尔文·托夫勒出版了《第三次浪潮》,从人类社会文明演进的角度,将人类发展史划分为农业文明、工业文明、信息文明三次浪潮,如图1-1所示。

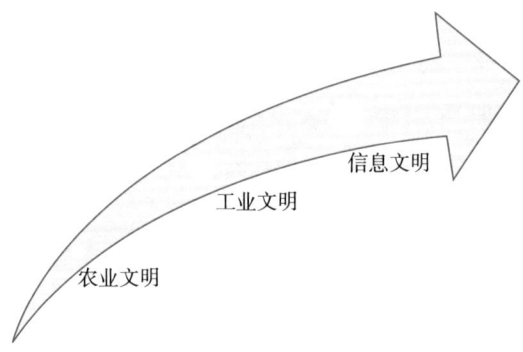

图1-1 阿尔文·托夫勒对人类发展史的划分

第一次浪潮是农业文明,从约1万年前开始。这一阶段,人类从原始野蛮的采集、渔猎社会进入以农业为基础的社会,历时几千年。

第二次浪潮是工业文明，从 17 世纪末开始。它加速了古老的农业制度的解体，并以一种极为迅猛的速度席卷欧洲、冲向世界，人类随之进入工业时代。

第三次浪潮是信息文明，从 20 世纪 50 年代后期开始。这股新浪潮向旧文明发起挑战，不断冲击人类社会的经济、政治、文化等各个领域，渗透到人类生产与生活的方方面面。第三次浪潮以信息技术为主导。正如托夫勒所说："谁掌握了信息，谁就拥有了网络，谁就拥有了整个世界。"⊖

在该书中，托夫勒还提出了一个振聋发聩的预言：人类将进入信息文明时代，现代科技的发展将深刻地改变人类的社会结构和生活方式。

20 世纪 80 年代初期，中国刚刚踏上改革开放之旅，社会对新思想、新技术表现出强烈的探索欲望。托夫勒的《第三次浪潮》恰好被引进中国，它为中国读者描绘了一幅关于未来社会的绚丽蓝图，让中国人对信息文明有了初步认知，并对这种未来社会形态产生了美好的憧憬与向往。同时，它也给年轻一代带来了巨大的思想冲击，使他们进一步激发出主动性和创造力。

如今，40 多年过去了，托夫勒所预言的"未来"，已经成了人类的"现在"。我们每个人都切身感受着新浪潮带来的颠覆与创新。

在人类历史上，从未有过任何一个时代能像当下这样——科技领域最尖端的进步能够以极快的速度推动产业和商业走向成熟，给亿万普通人的生活带来巨大的变化。这一浪潮是如此宏大、汹涌，以至于

⊖ 托夫勒. 第三次浪潮 [M]. 黄明坚，译. 北京：中信出版集团，2018.

我们生活中的方方面面都在经历日新月异的变化。唯一不变的是变化本身。

20 世纪 80 年代初期，那些像我一样心潮澎湃地读着《第三次浪潮》的年轻人一定曾大胆期待着信息文明的来临，然而，即便拥有最浪漫、最大胆的想象力，恐怕也没有人能预测到，今天我们的生活已全然构建于数字之上。云计算、虚拟现实、数字孪生、数字原生、人工智能（AI）等不断涌现的新技术，一次次地刷新人们的认知，从底层改造并重塑了我们的生活方式、消费习惯、生产关系和商业结构。这一点倒是在托夫勒的预料之中，他说："唯一可以确定的是，明天会使我们所有人大吃一惊。"

30 多年前我刚刚工作时，有幸踏入蓬勃发展的 IT 行业，隐约感受到数字时代来临前社会上不断涌出的技术与商业机遇。随着科技的突飞猛进，中国进入了有史以来发展最快的几个十年。如今的中国已经成为全球数字科技大国，发展潜力巨大。蓬勃发展的数字技术不断改写着现有的商业格局，重构行业价值链，驱动形成更具全球竞争力的中国新经济，并催生出更多充满活力的本土企业。

面向未来，即便站在今天，我们仍很难精准刻画未来数字时代的全貌。科技和社会的发展是一个宏大的命题，我们永远无法对世界上万千新奇的创新和创造做出精准的预测。但我非常确信，数字时代的大幕才刚刚拉开，其加速到来的过程将会继续颠覆我们的生活与商业，为我们创造出更加开放、包容、普惠的生态，创造出巨大的市场和社会价值。

点燃数字文明火炬的乔布斯

1980年是一个值得永远铭记的年份,这不仅因为阿尔文·托夫勒在这一年提出了他关于未来的著名预言,更因为在这一年还发生了一件对数字文明的发展进程具有深远影响的事件:史蒂夫·乔布斯创立的苹果电脑公司⊖上市了。

1976年4月,只有21岁的乔布斯与他的朋友斯蒂芬·沃兹尼亚克费尽心思筹到了1300美元,在自家的车库内成立了苹果电脑公司。这个诞生于车库的小公司,只用了短短四年的时间就成功上市了,并最终发展成为世界上最有价值的公司之一,开启了一个属于苹果公司的创新时代。

在整个创业历程中,乔布斯始终站在科技领域的最前沿。在他的领导下,苹果公司开发出了一系列具有开创性的高科技产品,每一款都是经典,都透着乔布斯的创新精神。简单、极致、与众不同,是苹果公司的产品带给人们的感觉,也是乔布斯的终极追求。在当下这个用户体验为先的时代,苹果公司通过技术创新与视觉艺术的完美融合,让消费者体验到了科技与艺术相结合的产品与服务。尽管乔布斯已经逝去,但他的精神仍在不断地激励苹果公司创造最佳用户体验,不断调整商业模式,进行一次又一次的创新尝试。可以说,是他开启了以数字技术为导向的科技变革浪潮。

乔布斯为人类和社会做出了巨大的贡献,但有一点一直被人们忽视,那就是他对数字文明的贡献。很多人只知道乔布斯是苹果公司的

⊖ 2007年,苹果电脑公司改名为苹果公司。

创始人，是创新者，是企业家，但并未意识到乔布斯是数字经济的奠基者之一，是数字时代的伟大旗手，正是他点燃了数字文明的火炬。

2007年1月9日，在苹果Macworld大会上，乔布斯向人们展示了一款名为"iPhone"的产品，它整合了iPod、手机和互联网通信设备等产品的功能，乔布斯称之为"革命性的移动电话"。

iPhone是一款划时代的产品，它重新定义了智能手机。当时，全世界都理所当然地认为手机应该是诺基亚、摩托罗拉设计的那种形象，但乔布斯带来的这款没有按键、不能自由拆卸电池、极具美学价值的大屏幕手机，彻底颠覆了人们对手机的认知。iPhone以多点触控屏幕和强大的iOS智能生态系统，又一次实现了乔布斯改变世界的梦想。以这次震惊世界的颠覆为起点，此前仅能通信的手机全力向智能时代进发，为数字经济的发展带来了革命性的转折。

iPhone开启了数字消费时代。iPhone推动了智能手机的快速发展和广泛应用。与功能手机相比，智能手机的娱乐属性显著增强，而且随着阅读类、游戏类、社交类、移动办公类等App的不断涌现，大部分用户使用智能手机已经不再局限于通信功能，而是用于满足生活、社交、出行、娱乐、工作、教育等多方面需求。由此，数字内容的生产和消费已经成为现代人生活中不可或缺的一部分。如今，人们不但已经养成了为数字内容付费的消费习惯，而且形成了基于移动终端的多元领域和全新场景消费，实现完整的消费闭环。数字内容的消费人群越来越广泛，甚至向低龄化和老年化两极延伸。伴随着新年龄层次用户的加入，数字内容更加多元，数字内容的生态链也变得更长。而这一切，都是以iPhone的问世为开端的。

iPhone 的云服务模式也是乔布斯对数字经济的一大贡献。苹果公司是首批将云服务带给消费者的企业之一，从 iTunes 云音乐服务到汇集各种 App 的 App Store，iPhone 创新了云和大数据的消费新模式。云服务通过互联网为用户提供计算、存储等各种服务。得益于云服务，人们可以通过云端在任何时间、任何地点存储并访问自己的音乐、照片、日历、文档及更多内容，获得更好的用户体验。而云服务的价值不止于此，随着产业与数字科技融合的日益加速，云服务已经深入各行各业，成为促进它们向数字化转型升级的引擎。

更重要的是，iPhone 向人类展示了数据的价值和魅力，让人们开始认识到，数据既是消费品，也是资产，更是一种新型生产要素，是可以反复使用的资源，人们可以利用大数据创造出更高的价值。正如大数据研究专家维克托·迈尔 - 舍恩伯格所说，"数据已经成为有价值的公司资产、重要的经济投入和新型商业模式的基石。虽然数据还没有被列入企业的资产负债表，但这只是时间问题。人们必须认识到数据价值，并合理加以利用"㊀。乔布斯创建了数据供应链，展现了数据的弹性，更让人们认识到，数据可以帮助人们做出更准确的决策，可以为业务赋能，可以给一些行业带来颠覆性的变革。

值得一提的是，乔布斯本人就是利用大数据的先锋。乔布斯不幸罹患胰腺癌后，与病魔进行了长达 8 年的不懈抗争，创造了人类抗击胰腺癌历史上的一个奇迹。要知道，胰腺癌恶化程度非常高，被称为"万癌之王"，生存率极低，病人出现胰腺癌症状后平均寿命约为 9 个

㊀ 迈尔 - 舍恩伯格，库克耶. 大数据时代：生活、工作与思维的大变革 [M]. 盛杨燕，周涛，译. 杭州：浙江人民出版社，2013.

月，5年生存率不到2%。而乔布斯罹患胰腺癌后之所以还能活8年之久，一个重要的原因就在于对大数据的充分利用。

在得知自己罹患癌症之后，一向对数据尤为重视的乔布斯决定利用大数据分析筛选治疗方案，以此寻找更适合自己的方案。比如，他根据自己的癌症分子分型选择合适的靶向治疗药物，对自己的身体变化以及治疗过程中的各项医疗数据进行记录和监控，并时常针对这些数据与他的医生进行讨论、分析。通过这些数据，医生们就能更有针对性地为乔布斯制订治疗方案，并适时进行调整。虽然乔布斯最终因癌细胞扩散而去世，但他的抗癌故事却成为利用大数据进行医疗决策的经典案例。

作为企业家，乔布斯通过苹果公司的成功实践，使托夫勒的预言从"未来"变成了"现在"。很多人说乔布斯创造了一个新时代，其实他的价值远不止于此，他是数字时代当之无愧的奠基人。

数字文明的前世今生

工业文明是数字文明的基石

从托夫勒的预言到乔布斯的实践，我们看到世界已经进入新纪元，一个复杂、绚烂、精彩且充满未知的数字时代正式开启。

如何理解我们身处的这个时代？

如今，"地球是圆的"已经是一个人尽皆知的常识了，然而，当我们站在高楼上眺望远处的地平线时，会发现地球更像是平的。之所以会产生这样的错觉，是因为与地球相比，人类实在是太渺小了，更何况我们就站在地球上，正所谓"不识庐山真面目，只缘身在此山中"。宇航员们在空间站看地球，一眼就能看出地球是圆的。其实，无论是在自然界中，还是在日常生活中，这样的错觉都常常存在。这是因为我们置身其中，且作为个体而言太过渺小，以致无法看清所处环境的真面目。尤其当外在环境处于不断发展变化的趋势中时，我们更容易误判。

当我们看不清时代的真面目时，我们可以拉开与时代的距离，从历史的视角追根溯源，去重新认识我们正在经历的这种文明。

每一次浪潮的涌起甚至文明的跃迁都不是一蹴而就的，而是由量变积累引起的质变与飞跃。每一个时代的发展也都会为下一个时代构筑坚固的底层基础，为文明跃迁提供思想准备、技术准备和现实条件。要探究数字文明的发展脉络，我们必须追溯到工业文明时代。

历史上文明的更迭，往往与科学技术的发展有着密不可分的关系。从某种程度上来说，人类社会的发展史实际上是一部技术发展史。每一次重大的技术发明，不仅解放了当时的生产力，而且会使人类文明发生重大的改变。

人类经历了漫长的采集、渔猎文明，约1万年前进入农业文明，又在农业文明中缓慢地发展了几千年，随后进入工业文明，开始加速发展。18世纪发轫于英国的技术革命是技术发展史上的一次重要革命，它开创了以机器代替手工工具的时代。这场革命是以工作机的诞生为开端的。1733年，约翰·凯伊发明了"飞梭"，织布的速度因此大幅提高，棉纱这种原材料因此变得供不应求。大约 1764 年，纺织工人哈格里夫斯发明了"珍妮纺纱机"，这个新发明使棉纺织业迎来了腾飞，并引发了一系列发明机器、进行技术革新的连锁反应，揭开了工业革命的序幕。一系列新发明开始涌现，比如，在棉纺织业中出现了水力织布机等先进机器，在采煤、冶金等许多工业部门，也陆续有了机器生产。随着机器生产在各行各业的日益普及，畜力、水力和风力等动力已经不能满足工业生产的需要。

18 世纪 60 年代，瓦特对蒸汽机进行了改良，改良后的新型蒸汽机为工业生产提供了更加便利的动力，因此得到迅速推广，进一步推动了机器生产的普及和发展。第一次工业革命由此爆发。

这不只是一次技术革新，更引发了一场根本性的社会变革。随着工业生产中机器生产逐渐取代手工操作，为了更好地进行生产管理、提高效率，资本家开始建造厂房，引进机器，并雇用越来越多的工人进行集中生产，于是，一种前所未有的生产组织形式——工厂诞生了。作为工业化生产最主要的组织形式，工厂发挥着日益重要的作用。第一次工业革命给人类社会带来了颠覆性的变革，对推动人类的现代化进程起到了不可替代的作用，把人类推向了崭新的蒸汽时代，也使人类社会完成了从传统农业社会向现代工业社会的重要转变。

19 世纪，随着工业革命的继续推进，人类的发明创造不断取得新的进展，各种新技术、新发明层出不穷。1866 年，西门子研制出了第一台自励式直流发电机，将机械能转化为电能。后来经过持续的改进，到 19 世纪 70 年代，实际可用的发电机问世。1879 年，西门子又研制出了电动机，将电能再转变为机械能，为电能的广泛应用创造了条件，实现了科技与技术的紧密结合。同年 10 月 21 日，美国发明家托马斯·阿尔瓦·爱迪生经过长期的反复试验，终于点燃了世界上第一盏有实用价值的白炽灯。三年后，爱迪生在美国建立了世界上第一座商业发电厂，这座发电厂利用蒸汽机驱动直流发电机，使电力第一次真正在人类生活中得到广泛应用。1882 年，尼古拉·特斯拉提出了交流电相关理论，1883 年人们制造出世界上第一台实用的交流感应电动机。这一伟大发明把人类直接"踢"进了电气时代。从那之后，通过变电站和输电线路，价格低廉的电力被源源不断地输送至工厂和千家万户。

随着第二次工业革命的蓬勃兴起，人类从蒸汽时代进入了电气时代。第二次工业革命进一步增强了人们的生产能力，改变了人们的生活方式，扩大了人们的活动范围，加强了人与人之间的交流。

工业文明是一种极富活力和创造性的文明。工业时代虽然只有短短的两三百年，却奇迹般地改变了世界，为人类社会带来了经济的增长、制度的完善、生活方式的改善以及科学技术的进步。这种改变的广度和深度，是人类有史以来几百万年间所创造的各类文明成果总和都难以企及的。

工业文明创造的新成就、新文明，为人类迈入数字文明奠定了坚实的物质基础和技术基础。如果没有工业时代的积累，人类社会向数字文明的跃迁也就无从谈起。从这个角度来说，工业文明正是数字文明的基石。回顾工业文明的发展历程，将使我们对数字文明的理解更加深刻。

一颗种子，要经历生根发芽、抽枝长叶、开花授粉，最终才能结出果实，人类文明的进程也是如此。工业文明对数字文明的另一个重要贡献在于，对数字文明产生了深远影响的信息技术革命正是发轫于工业时代。

回望历史的长河，人类社会经历过五次信息技术革命，如图 1-2 所示。

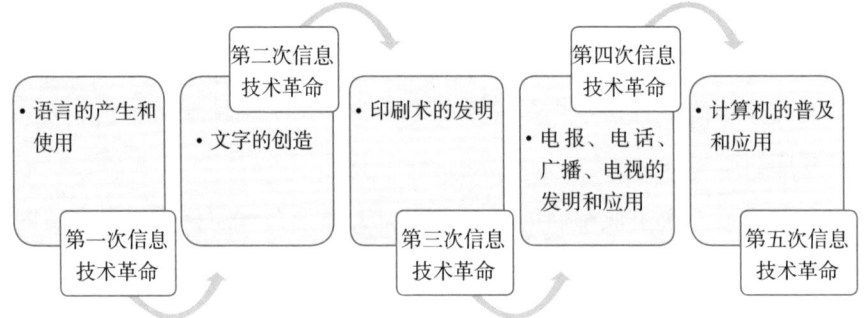

图 1-2　人类历史的五次信息技术革命

第一次信息技术革命是语言的产生和使用带来的，也是人类历史上最初的、最伟大的信息技术革命，是人类进化和文明发展的一个至关重要的里程碑。语言的出现促进了人类思维能力的提升，并为人类相互交流思想、传递信息提供了有效的工具。

第二次信息技术革命以文字的创造为标志。大约在公元前 3500 年，文字开始出现，被人类用作信息的载体。这种新的信息形式的出现，使知识、经验得以长期保存，信息交流也不再受时间和空间的限制，长距离或隔代传递信息成为现实。

第三次信息技术革命是印刷术的发明。印刷术极大地促进了信息的共享，使人类文化的传播更加深刻、久远。中国四大发明中的造纸术与印刷术都为此做出了巨大的贡献。

第四次信息技术革命是电报、电话、广播、电视的发明和应用。1844年5月24日，美国人莫尔斯通过实验线路发出了人类有史以来第一份电报。虽然这封电报的传输距离只有40英里⊖，但它标志着第四次技术信息技术革命开始了。此后，电信事业得到了飞速发展。电话、广播、电视等信息传播手段的广泛普及，使人类的经济和文化生活发生了革命性的变化。

第五次信息技术革命始于20世纪四五十年代，其标志是计算机的普及和应用。1946年，世界上第一台电子计算机ENIAC问世，它的出现使得通过存储器记载虚拟信息成为可能，信息数字化成为普遍趋势，人类从此进入了"0"和"1"的世界。

此时的计算机是以电子管为基本电子元器件的，ENIAC用了约1.8万个电子管。电子管的脆弱、低效让业界迫切期望能有可靠、小型且便宜的替代品出现。1947年圣诞节前夕，贝尔实验室的肖克利、巴丁和布拉顿通过一个名为"晶体管"的小元器件放大了微弱的电子信号，实现了科技史上一次壮丽的跨越。晶体管的发明，是人类在电子领域的一大飞跃，这个后来被誉为"20世纪最伟大发明"的小东西为集成电路、微处理器以及计算机内存的产生创造了可能。

1955年，被称为"半导体教父"的肖克利离开贝尔实验室，并于1956年创立了肖克利半导体实验室。由于研究进展不佳，加之实验室管理不善，肖克利与实验室职员发生了冲突，致使八位工程师在1957年离开了实验室。这八位工程师后来被称为"八叛逆"，

⊖ 1英里≈1.61千米。

他们离开肖克利半导体实验室后创办了仙童半导体公司（Fairchild Semiconductor）。要了解计算机的发展史，仙童半导体公司是一个绕不开的名字。我们现在所熟知的集成电路技术、摩尔定律都与仙童半导体公司有关。

到 1967 年，已经在商业上取得巨大成功的仙童半导体公司因母公司不断将利润转移到东海岸以支持其摄影器材业务，开始不断经历创始人出走的情况。其中，斯波克、雷蒙德等人在 1967 年创办了国民半导体公司（National Semiconductor），桑德斯在 1968 年创办了 AMD。到 1968 年 8 月，"八叛逆"中的最后两位罗伯特·诺伊斯和戈登·摩尔也创办了他们自己的公司英特尔，并由此开启了一段激荡至今的伟大征程。

1969 年，英特尔推出其第一批产品——64KB 的双极静态随机存储器，由于这个产品性价比很高，到 20 世纪 70 年代，英特尔一度占有存储器市场 90% 的份额。然而同一时期，日本的企业通过动态随机存取存储器（DRAM）获得了更高的产品可靠性，进而发起了大规模的价格战争，所有订单的定价都比英特尔低 10%，这使得英特尔的市场占有率很快跌落到 20% 以下。到 20 世纪 80 年代末，全球最大的十家半导体公司中已经有六家来自日本。

面对激烈的竞争，英特尔不得不放弃最早为公司带来成功的存储器产品，转而进军全新的微处理器市场。这不仅将美国的芯片公司重新推向产业制高点，推动了新业态的形成，也为芯片代工产业的兴起和繁荣创造了有利的条件。

在这场美国和日本科技公司"神仙打架"的科技战中，1983 年，祖籍宁波的张忠谋辞去美国半导体巨头德州仪器资深副总裁的职务回到中国台湾，于 1987 年成立了台湾积体电路制造股份有限公司，也就是今天的台积电，它首创了晶圆代工商业模式。1988 年，台积电拿到了英特尔的产品代工订单，不仅得到了世界级的认证，也通过为英特尔代工构建起了符合国际化标准的生产能力。

以晶体管在 1947 年的诞生为肇始，从半导体的发明到大规模集成电路的应用，再到模拟电路向数字电路的升级，人类在微电子领域的每一次进步，都隐约指向云原生和数字原生。在前数字时代，这是一个朦胧却充满希望的未来。

英特尔使计算机走向了集成化、高性能、小型化，计算机的发展由此进入了大型机和小型机同场竞技的时代。此时，被称为"蓝色巨人"的 IBM 无论是在技术上还是市场上都是计算机世界的霸主，它开启了商业计算机的时代。不过，在 20 世纪六七十年代，计算机仍然是笨重、庞大且昂贵的，而且 IBM 的计算机售价都在每台百万美元以上，不可能进入寻常百姓家。

1976 年，乔布斯率领苹果电脑公司开发出了 Apple Ⅰ，这台个人计算机的问世把计算机这种过去只有科研机构和大型企业才用得起的巨型设备送到了寻常百姓的桌面上。

苹果电脑的出现对 IBM 和微软的产品起到了重要的催化作用。20 世纪 80 年代，IBM 组建独立的开发团队采用英特尔芯片和第三方软件开发出 IBM PC 5150，微软为其配套开发的 DOS 操作系统也开始崭露头角，个人计算机时代真正开启。随着微软的 Windows 操作系统和英特尔 80286、80386、80486 等芯片的问世，个人计算机市场逐渐成熟，并从台式计算机向笔记本电脑演变，微软英特尔组合的 Wintel[⊖]帝国成为个人计算机特别是笔记本电脑时代的新霸主。根据世界银行发布的数据，到了 20 世纪 90 年代末期，全球个人计算机普及率已经超过 8%，是 1990 年的普及率的 2.4 倍，其中，发达国家和地区的普及率更是高达 40%。

数字经济发展的起步是以信息的数字化为主要标志的，存储器计算的二进制语言使信息的数字化成为现实，这种指令化语言具备可复制、格式化、跨越空间和时间等特点，更便于对数据和信息进行加工和处理，有利于信息的快速传播和准确处理，并且可以将人类从一部分重复计算的脑力劳动中解放出来，使其得以进一步加强对知识和创新的关注。由此，人类进入了数字时代的前夜。

互联网创造的虚拟世界

如果说计算机的发展为数字文明做好了硬件准备，那么，互联网的出现则完全开启了一个新时代。互联网为人类的经济社会活动建立了一个虚拟的"映射"，从物理世界投影到虚拟世界，这个虚拟世界不仅改变了物理世界的信息形态，而且通过大量的软件和信息服务创造了多种多样的语言和图形等信息表达形式，帮助人类更快地进入数字时代。

20 世纪的最后 10 年，当因特网（Internet）异军突起时，没有人

⊖ Wintel 是指微软与英特尔的商业联盟，该联盟成功地取代了 IBM 公司在个人计算机市场上的主导地位。

能想到它会在不到 30 年的时间内从军事领域、四所高等学府推广到普通公众的桌面上。这得益于 TCP/IP（传输控制协议 / 因特网互联协议）对网络上数据传输的标准化，它推动了网络设备（交换机、路由器等）、各种类型的连接链路、服务器和不同的计算机等终端之间的连接，使因特网的商业用户数量在 1991 年第一次超过了学术界用户。同时也得益于新颖的检索方式和商业模式，20 世纪 90 年代出现了便捷的网页浏览器和搜索引擎，方便了公众搜索信息。随后出现的大量商业化软件，更是将公众的信息处理需求显化。随着互联网信息服务不断丰富，桌面互联网所构造的数字世界逐渐形成。

进入 21 世纪以来，随着移动通信技术的迅猛发展、移动通信设备的推陈出新以及移动智能终端的快速普及，移动互联网在全球范围内实现了突破性发展。全球移动互联网的发展速度远远高于桌面互联网的发展速度。从笔记本电脑到手机、智能手机、可穿戴设备、智能家居乃至无人驾驶智能汽车等，各类智能设备和产品的市场规模都在加速增长。运营商、移动终端制造商、互联网企业和内容提供商们纷纷推出各自的移动互联网战略，抢占移动互联的巨大市场。至此，互联网和移动互联网不仅突破了时间和空间的界限，还创新了信息搜集的来源和方式，创造了移动互联的新世界。

与互联网的迅猛发展相呼应的，是人们对数字经济认识、理解的进一步深化。20 世纪 90 年代末，美国引领全球开启对数字经济的研究，美国商务部关注数字经济的经济影响和政策意义，经济界人士和未来学家在数字经济是否颠覆了新古典经济学为主流的经济学框架这一问题上产生了分歧。当时，中国、韩国、新加坡等国家的经济赶超也正在改变世界互联网发展格局，越来越多的国家和地区参与到数字经济的发展中。

伴随着人们的视线越来越多地投向数字经济，"大数据"（big data）概念快速流行起来。过去，"大数据"并未得到太多关注，即便2008年《自然》杂志为其开辟封面专栏，也没有引起普通大众的注意。那时"大数据"对政策的影响更是微乎其微。然而，仅仅几年时间，"大数据"就成了全球最流行的词之一。美国、英国、法国、德国、日本、澳大利亚、加拿大、新西兰、新加坡等国家都纷纷制定出台大数据国家战略，中国也发布了《促进大数据发展行动纲要》，明确要将大数据作为国家级战略进行部署、推进。

时至今日，随着区块链、人工智能、5G、隐私计算、数字孪生、数字原生等诸多新兴技术的发展，大数据似乎显得有些过时了，然而作为新一代信息技术产业的新兴增长点和支撑点，作为数字化转型举措中最基础、最不可或缺和不可跳过的一环，其市场发展从未止步。根据IDC数据，2020～2024年全球大数据市场规模在五年内实现了约10.4%的复合增长率。㊀

大数据是数字技术深入发展的必然结果，它直指数字时代的核心——海量、多样的数据产生的价值。如果说互联网创造了虚拟世界，那么大数据与云计算、人工智能以及众多新兴技术一起，打开了通向数字化世界的大门。

㊀ 前瞻产业研究院，《2023～2028年全球及中国大数据产业发展分析》。

从数字孪生到数字原生

计算机和互联网的不断发展与演进，使人类社会的信息化得到了进一步普及。通过信息化革命，人们可以逐步从繁复的劳动中解放出来，将更多精力投入到创造性的工作当中，从而使技术进步呈加速状态。通过各种信息化技术，人类还可以将物理世界投影到虚拟世界，实现对物理世界的模拟、仿真，进而实现对其更为深刻的理解。"数字孪生"（Digital Twins）由此诞生。

"数字孪生"这一概念源于美国，由密歇根大学教授迈克尔·格里弗斯（Dr. Michael Grieves）于 2002 年提出。他在一篇文章中首次提到"Digital Twins"，并认为通过物理设备的数据，可以在虚拟（信息）空间构建一个可以表征该物理设备的虚拟实体和子系统。

如何理解数字孪生？电影《钢铁侠》中的一个场景或许有所帮助：男主角托尼·斯塔克为自己打造了一件钢铁战甲，他在对这件战甲进行设计、维修和优化的时候没有使用图纸，而是在一个数字化的虚拟模型上进行操作。通过这个虚拟模型，托尼·斯塔克对战甲的运行状况了如指掌。这个场景体现了电影工业者对未来设计场景的美好幻想，而今天，这种技术被称为"数字孪生"。

NASA（美国国家航空航天局）对数字孪生的定义是：数字孪生指充分利用物理模型、传感器、运行历史等数据，集成多学科、多尺度的仿真过程。数字孪生作为虚拟空间中对实体产品的映射，能够反映相对应实体产品的全生命周期过程。简单来说，数字孪生就是利用数字技术，将物理世界的物体、系统以及流程等实时映射到虚拟空间，生成一个数字化的"克隆体"。

首先将数字孪生理念应用于实践的也是NASA，它为其"阿波罗计划"开发了两种相同的太空飞行器，留在地球上的飞行器被称为"孪生体"，用来反映正在执行任务的飞行器的状态。NASA之所以会成为数字孪生的先驱，是有历史渊源的。早在20世纪70年代，NASA内部就已孕育出"孪生"的基本思想，并因此度过了一次前所未有的危机。

1970年4月13日，飞往月球的阿波罗13号宇宙飞船出现了故障，宇航员们的安全受到了严重的威胁。在人类探索太空的历史上，这样的状况还是第一次发生。此时，登月已经不可能了，如何保住宇航员的性命，让他们安全回家，成了宇航员和数千名NASA地面支持人员关注的焦点。

为了判断哪些系统还能正常工作、哪些系统已经损坏，宇航员们不断地打开、关闭不同的系统。地面控制中心综合各方面的信息，利用地面仿真系统快速而准确地诊断出问题的症结。这套完整的、高水准的地面仿真系统，是一个模拟器，原本是用来培训宇航员的，覆盖了宇航员在太空中可能用到的所有任务操作，对多种故障场景的处理也进行了模拟。在整个太空计划中，模拟器是技术最复杂的部分，在模拟培训中，唯有乘员、座舱和任务控制台是真实的，其他所有的一切都是由计算机、浩如烟海的公式以及经验丰富的技术人员创造出来的。

在对宇宙飞船的受损程度以及电力、氧气和饮用水的剩余量等进行考量和权衡后，NASA制订了一个大胆的、令人震惊的返回地球计划。由于这个计划远远超出了飞船设计的边界，从来没有人实践过，谁也不知道究竟是否可行。而试错的成本又极为高昂，因为一旦出现任何纰漏，宇航员们就再也没有回家的机会了。

为了确保这个计划万无一失，地面控制中心对模拟器进行了调整，以使其与阿波罗13号当前的配置及状态适配，并按照返回地球计划对模拟器的质量、重心、推力等参数进行了重新设置。然后，安排后备宇航员在模拟器上进行操作演练，从而验证这个计划的可行性，这极大地增强了地面控制人员与宇航员们的信心。

最终，宇航员们死里逃生，平安回到地球。阿波罗13号能成功获救，模拟器功不可没。

从某种程度上来说，这个模拟器正是数字孪生的一次现实应用。正是因为早就认识到了"孪生"的重要性，NASA才尤为重视数字孪生的作用，并将其率先应用于航天领域。

数字孪生最重要的特征是虚实映射。虚实映射是指物理实体和数字模型之间的双向映射，它是通过针对物理实体构建数字模型实现的。基于这一特征，数字孪生为CPS（Cyber-Physical Systems，信息物理系统）的建设提供了基础，是实现CPS的关键技术。CPS的目标就是实现虚实融合，把人、机、物互联，将虚拟世界和物理世界彻底融合，通过大数据分析、云计算、人工智能等数字技术在虚拟世界的仿真分析和预测，以最优的结果驱动物理世界的良性运转。而数字孪生使其成为现实，并且可以在虚拟世界中对物理世界的运行框架和体系进行复制，为人类社会创造一个大规模协作的新体系。这为工业制造、智慧教育、智能交通、智能家居等提供了新的转型路径和变革动力。

在新冠疫情期间，武汉第二座"小汤山医院"——雷神山医院之所以能以令人惊叹的速度建成，就因为它充分利用了数字孪生技术。雷神山医院是一所应急传染病医院，采用传染病医院标准的"三区两通道"设计，流程极其复杂，设计难度很高，而疫情迅猛扩散的紧迫性又要求它快速建成并投入使用，怎么才能解决这种难度高和时间紧的矛盾呢？临危受命的中南建筑设计院（CSADI）采用BIM（建筑信息建模）技术，为雷神山医院创造了一个数字化的"孪生兄弟"，并根据项目需求，利用BIM技术指导和验证设计，大大提高了设计效率。

数字孪生诞生于工程领域，后被延伸到更广阔的领域，比如城市建设与管理领域。数字孪生城市的出现，刷新了人们对未来城市的想象。

雄安新区在规划之初就提出，"坚持数字城市与现实城市同步规划、同步建设，适度超前布局智能基础设施，推动全域智能化应用服务实时可控，建立健全大数据资产管理体系，打造具有深度学习能力、全球领先的数字城市。"⊖

或许你曾去过雄安新区，被机械林立、车辆往来穿梭、工人昼夜施工的建设场景所震撼，但你可能想象不到，还有一个更令人震撼的

⊖ 引自中共河北省委、河北省人民政府编制的《河北雄安新区规划纲要》。

"云上雄安"数字智能之城在同步建设。智能交通基础设施、块数据平台、超算云中心、自主可控区块链平台、城市信息模型（CIM）基础平台……一批又一批城市级智能平台的搭建，不断推进雄安新区的数字孪生城市建设。在人类城市建设的历史上，"数字城市"与"现实城市"第一次同步建设，共同生长。

中国城市规划设计研究院院长杨保军曾经对雄安新区的数字孪生城市的价值进行过总结："将来一些决策在付诸行动前，可先在数字城市模拟运行，根据效果再在现实城市建造或运行。雄安将成为智能城市建设的样本。"

在雄安新区，数字与城市的虚实结合将演变为一种现实。这种敢为天下先的尝试，充分代表了中国在智慧城市领域新的发力方向。

在2019年的中国国际大数据产业博览会上，《失控：机器、社会与经济的新生物学》的作者凯文·凯利（Kevin Kelly）发表了一场关于"镜像世界"的精彩演讲。凯文·凯利曾经多次提及"镜像世界"的概念，在他看来，"镜像世界"是互联网发展史上第三个具有开创性和颠覆性的技术平台。第一个是互联网，它将信息数字化；第二个是社交媒体，它将人类数字化；而"镜像世界"则将整个世界数字化。从本质上来说，凯文·凯利的"镜像世界"就是从大众的视角对"数字孪生"的一次诠释，而数字孪生则是促使"镜像世界"的美好愿景更快实现的推动力量。

数字孪生引领着我们从物理世界向数字世界迁徙，当我们的探索越来越深入，我们思考问题的方式也逐渐由以物理世界为重心向以数字世界为中心迁移，数字原生应运而生。

走向数字原生

在任何一个时代，我们要实现颠覆性认知，要进行自我革新，都必须回到事情的原点，必须透过现象看本质。要理解数字原生，我们也必须回归我们的初心：我们追求数字化的根本目的是什么？实际上，我们所做的一切，都是为了让人们生活得更好、更幸福。

我们是否做到了这一点？答案是肯定的。今天我们无论走到哪里，只要有一部手机，就可以非常方便地解决几乎所有问题。当我们消费时，移动支付可以帮助我们；当我们需要预订旅行的机票或火车票时，在线旅游平台会帮助我们；当我们需要出门时，各种打车软件会帮助我们，我们还可以找代驾；当我们想听音乐时，在线音乐平台可以帮助我们；如果我们想看视频，各种视频 App 可供选择；如果我们想购物，不需要到商场，只要在手机上挑选下单就可以。今天，我们的活动都可以通过手机连接各种云的服务，而数据也会根据我们的个人行为数据特征，为我们推送更适合的各种服务。而我们之所以能实现如此便捷的生活，正是因为数字原生。

数字原生是指企业的产品服务、运营流程、管理方式、战略决策、业务模式、市场策略等各个方面都是基于数字科技创造的条件而进行设计，是由"以物理世界为重心"向"以数字世界为中心"迁移的思考问题的方式。云原生、人工智能原生、区块链原生、物联网原生、5G 原生等都是实现数字原生的手段。

订阅式、点播式是数字原生的重要形态。正因为如此，我们只要使用手机，其实就已经生活在数字原生之中了。我们使用手机时所产生和消费的数据，又会转化成生产要素，在后台经过计算后不断地优化我们的体验。这个过程，就是数字原生的过程。

数字原生是所有企业数字化转型的目标。数字技术将会重塑企业，使其具有云架构与智能能力，使整个企业的生产销售、业务需求、组织架构、人力资源配置、管理文化、战略愿景都围绕着数字世界展开。

尤其是像苹果、亚马逊这样的数字原生企业，在创立之时就以数字世界为根基，便捷地获取和存储了海量的数据，并尝试通过机器学习等人工智能技术分析这些数据，从而更好地理解用户需求，不断提高数字化创新能力，促进自身的蓬勃发展。

如今，我们正向着数字原生进一步迈进，物理世界和数字世界将更加紧密地耦合，数字经济将步入从量变到质变的新阶段。

元宇宙、虚拟时空与人类未来

1992年，尼尔·斯蒂芬森（Neal Stephenson）在他的科幻小说《雪崩》（Snow Crash）中创造了"元宇宙"（Metaverse）的概念。在该书中，他是这样描述元宇宙的："戴上耳机和目镜，找到连接终端，就能够以虚拟分身的方式进入由计算机模拟、与真实世界平行的虚拟空间。"小说的主角是一位外卖员，现实中与人合租了一个狭窄逼仄的小仓房，但当他接入"元宇宙"时，就会置身于虚拟的豪宅中。

这样的场景也曾经出现在史蒂文·斯皮尔伯格导演的电影《头号

玩家》中，人们纷纷逃离令人崩溃的现实生活，戴着 VR 设备前往虚拟世界，在那里寻找更精彩的人生。在虚拟世界里，人们可以成为超级英雄，轻而易举地实现自己的梦想，品尝成功的滋味。

科幻让想象力插上了翅膀，然而，这一切并非遥不可及，在数字时代，我们已经一步步走近元宇宙。

什么是元宇宙？像其他的一些前沿科技一样，元宇宙也没有明确的定义。回归概念的本质，我们可以将其理解为基于传统网络空间和未来互联网的、伴随多种数字技术成熟度的提升而构建形成的既映射于又独立于物理世界的、具有连接感知和共享特征的虚拟世界。同时，元宇宙并不是一个简单的虚拟空间，它将网络、硬件终端和用户囊括进一个永续的、广泛覆盖的虚拟现实系统之中，这个系统中既有物理世界的数字化复制物，也有虚拟世界的创造物。它将物理世界的运行逻辑引入了虚拟世界，使人类能够以更符合直觉的方式与虚拟世界交互，获得更高维度的感知体验。

我去徐州参观时，曾经对建筑学家、规划大师吴良镛为徐州所做的城市规划赞叹不已。吴良镛教授以山水视角来进行地理空间的布局，对徐州的空间格局、重大基础设施、文化环境等都进行了科学的规划设计，打造了一个独具魅力的山水园林城市。这些规划设计都得益于吴良镛教授创建的人居环境科学理论，他非常重视将"环境"与"人"的需求、情感协调起来，希望创造优美宜居的人居环境。不过，地理空间的设计可以达到极致，但人的情感、精神却难以规划，或许，虚实融合的元宇宙能够解决这一难题，使城市规划真正实现吴良镛教授所追求的"有机更新"。

从本质上来说，元宇宙是能承接人类的情感需求，并且构建自由市场的数字世界。在元宇宙中，个体在互动中形成新的社会关系，需要社交、分享、认同、共情等社会和感情的联结，遵循交易自主、产权明晰、契约自由等经济规律。这意味着，有一天，我们或许可以进入元宇宙，以一个与现实中截然不同的身份，过着另一种人生。

过去，元宇宙的概念一直被认为是一个超前的理念，停留在想象层面。不过，始于2020年的新冠疫情成了元宇宙的加速器，使它一步步成为现实。这意味着，人类已经踏上了向数字世界迁徙的征程。

随着新冠疫情在世界各地的不断蔓延，人们不得不减少在物理世界中的流动和人际接触，大量经济活动和社会活动在虚拟世界展开。技术交流、毕业典礼、课堂授课乃至演唱会，都转移到了线上。线上线下的打通，使得物理世界与虚拟世界第一次如此紧密地融合在一起，人们的世界观也因此发生了巨大的变化，一种新的认知开始形成：虚拟世界并非虚幻的、无足轻重的，在数字时代，它将成为人类全新的生活空间。

疫情困住了人们的脚步，却点燃了人们对元宇宙的热情。

2021年3月，一家名叫罗布乐思（Roblox）的科技公司在美国纽约证券交易所正式上市，这是第一个将"元宇宙"写进招股说明书的公司，因此被认为是"元宇宙第一股"。

罗布乐思在其沙盒游戏平台上构建了元宇宙的雏形，创造了以Robux⊖为核心的双向经济体系，并且提出了元宇宙世界观。

⊖ Robux是罗布乐思开发的游戏中的一种虚拟货币。

身份：在元宇宙中必须拥有一个自己的虚拟身份。

朋友：在元宇宙中可以进行社交，拥有元宇宙世界中的朋友。

沉浸感：要有沉浸式的体验感。

低延迟：元宇宙中的一切都是同时发生的，无延迟。

多元化：元宇宙提供的内容应该十分丰富。

随时随地：可以随时用任何设备在任何地方登录。

经济系统：会有属于元宇宙自己的经济系统。

文明：元宇宙也有自己的虚拟文明。

罗布乐思的上市，给沉寂已久的互联网创新带来了新的活力和想象空间，也让众多互联网巨头看到了元宇宙的美好前景，纷纷开始布局元宇宙，争相进入这一崭新的赛道。字节跳动先是斥巨资收购 VR 创业公司 Pico，又斥资 1 亿元投资元宇宙游戏开发商代码乾坤。日本社交巨头 GREE 宣布将开展元宇宙业务。微软在 Inspire 全球合作伙伴大会上也宣布了企业元宇宙解决方案。

脸书则走得更远一些。2021 年 10 月 29 日，在脸书的 Connect 开发者大会上，其首席执行官马克·扎克伯格宣布放弃沿用了 17 年的旧名字 "Facebook"，改用新名字 "Meta"，这个词来源于 "Metaverse"（元宇宙）。这意味着，这家科技巨头将从一家社交媒体公司转变为一家"元宇宙公司"，比以往任何时候都更加融合现实和虚拟世界。

在创始人的公开信中，扎克伯格对元宇宙的前景进行了展望："未来，你将可以用全息图的形式被瞬间传送到办公室，无须通勤，或者以这样的方式和朋友一起参加音乐会。你将得以把更多时间花在对你重要的事情上，减少交通时间，并减少碳足迹。想想你今天有多少物理属性的东西在未来可能变成全息图，你的电视、带有多台显示器的完美工作装置、棋盘游戏等——它们将不再是由工厂组装的实物，而是由世界各地创作者设计的全息图。"

元宇宙的未来不止于扎克伯格的想象。如果说数字化变革是对当下社会的重塑，那么，元宇宙就是对未来社会的重构，它展示出了数字时代新思维下人类认知的新疆界。

进入新阶段的元宇宙已经不再是《雪崩》中所描述的"元宇宙"，其内涵有了更广泛的延伸。它吸纳了人工智能、VR（虚拟现实）、AR（增强现实）、MR（混合现实）等数字技术的成果，为人类展示了构建与物理世界平行、融合的数字世界的可能性；促进了信息科学、量子科学、数学以及生命科学之间的互动，改变了科学范式；推动了传统的哲学、社会学甚至人文科学体系的突破；囊括了所有的数字技术，包括区块链技术；丰富了数字经济转型模式，融合 De-Fi（分布式金融）、IPFS（分布式文件系统）、NFT（非同质化代币）等数字金融成果。

未来，元宇宙将不再局限于如今这个以智能终端为入口、以视觉听觉为主要感知手段的平面状态，而是能通过人机结合、数字交互的方式，使人们进入全身心沉浸、交互的立体世界，实现物理世界与虚拟世界的可持续联通。在这一立体世界中，人们不但能够复制全景的物理世界，而且有可能实现意识与躯体的独立，自由地往复穿梭于两个世界之间，在虚拟世界中体验真实，在物理世界中感受虚实融合。

由此也会演变出更丰富的虚拟资源形态和更加多样的合作、分工、交易模式，元宇宙中可开发利用的资源将是物理世界的若干倍，人类认识和活动的疆域由此大大扩展。而在传统文化和元宇宙文化的相互渗透融合中，人类文明也会被再次重塑。

在始于 15 世纪的大航海时代，人类通过新航路的开辟，极大地扩展了已知世界的范围，第一次建立起跨越大陆和海洋的全球性联系，使世界开始连为一个整体。而未来，元宇宙或许会开启一个新的大航海时代，人类将在虚拟世界这片"新大陆"上开疆拓土。

连接现实与元宇宙的 NFT

随着新一轮以 5G、VR、AR、物联网、区块链、数字孪生等为代表的前沿技术的发展，原生于数字世界的数据、资产甚至艺术品开始崭露头角，NFT（Non-Fungible Token，非同质化代币）逐渐进入了人们的视野。

NFT 是存储于区块链上的、用于表示数字资产唯一性的加密数字凭证，可以买卖。说到区块链，人们可能首先联想到的就是比特币。与比特币不同，NFT 是独特且唯一的，而比特币是同质化的，每个比特币之间没有区别，可以进行互换和分割。比特币的属性是稀缺、可互换但不唯一，而 NFT 具有唯一性，是不可互换的。

正因为唯一性，NFT 可以用来代表独一无二的东西，比如传统的艺术作品。传统的艺术作品如一幅画、一首歌、一项专利、一段影片、一张照片，都是有价值的，因为它们是独一无二的。但如果这些艺术作品被制作成数字文件，就会被大量复制，而有了NFT，它们就能被"标记化"。NFT会像专利局一样，为数字内容所代表的有形或无形的物体进行版权登记，并创建一个可以买卖的数字所有权证书，帮助界定其权益归属。

现在，已经有越来越多的东西被锻造成了NFT，比如乔布斯18岁时手写的"工作申请"、著名球星在NBA赛场上逆转局面的进球、微信或QQ头像、土地、房产、万维网源代码、获得诺贝尔奖的论文以及《时代周刊》的封面等，而且价格都堪称天价。数字视觉艺术家迈克·温克尔曼（又名Beeple）的一套作品《每一天：前5000天》，以NFT的形式在佳士得拍出了6935万美元的天价。推特前CEO杰克·多西（Jack Dorsey）发布的一条仅由五个单词（即"just setting up my twttr"）组成的世界上第一条推特，同样以NFT的形式被拍出290万美元。

NFT构建了实体物品与虚拟物品之间的映射，使得虚拟物品成为具有高流动性的商品，成为可视化"资产"。它还能把互联网上的数据内容通过链接进行链上映射，使NFT成为数据内容的资产性实体，从而实现数据内容的价值流转。通过映射，数字资产、游戏装备、装饰、土地产权都有了交易实体。传统的虚拟物品的交易方式也因此发生了变化，有了NFT，用户可以直接生产虚拟物品、交易虚拟物品，就如同在物理世界中的交易一般。NFT使用户可以脱离游戏平台，自由交易虚拟资产。

NFT是元宇宙的重要基础设施。通过映射虚拟物品，NFT为元宇宙中的原生资产提供了一种载体。如同我们在现实中使用的钥匙一般，在元宇宙中，NFT 是一种数据化的钥匙，程序能够通过识别 NFT 来确认用户的权限，这将实现虚拟世界权力的去中心化转移，无须第三方登记机构就可以进行虚拟产权交易，可以方便地进行转移和行权，且一系列相应权限可以存在于中心化服务或中心化数据库之外，这将大大增强数据资产交易流转的效率。这一特点可以让元宇宙中的任何权利轻松实现金融化，比如访问权、查看权、审批权、建设权等，实现这些权利的流转、租用和交易。

NFT 是连接现实与元宇宙的一座桥，随着 NFT 的深入发展，物理世界与元宇宙虚拟世界之间的连接将会变得更加紧密，人类甚至可以在区块链的世界里创造一个真正的平行世界。

生成式 AI：加速逼近科技奇点

元宇宙的终极形态究竟是什么样子，谁也无法给出确定的答案，但有一点是可以肯定的，那就是元宇宙是科技与人文的无缝融合，将以技术重塑经济和社会。而随着我们一步步迈向元宇宙，更多的工作和生活将被数字化，这意味着人们将对数字内容产生更大的需求，也对数字内容的形式和交互性提出了更高的要求。而生成式 AI 这种新型的内容生产方式，成了元宇宙取得突破性发展的关键力量，甚至是推动元宇宙发展的加速器。

2022 年底，ChatGPT 的横空出世及其之后的持续迭代，以一种人人可亲身感知的方式，把 AI 在自然语言领域里的重大进展在一夜之间展示在世人面前，由此掀起了一场席卷各行各业的 AI 热潮，人们对于 AI 的认知也被不断刷新。到了 2024 年，AI 的发展更是突飞猛进，DeepSeek 等国内 AI 企业的崛起，不仅在自然语言处理领域取得了显著进展，还在多模态 AI、AI for Science 等领域实现了突破性进展，进一步推动了生成式 AI 的普及与应用。

互联网的内容生产方式经历了从 PGC（Professionally Generated Content，专业生产内容）到 UGC（User Generated Content，用户生产内容），再到 AIGC（Artificial Intelligence Generated Content，人工智能生成内容）的代际革命。

在 Web 1.0 时代，主流的内容生产方式是 PGC 模式，由专门的从业者负责内容的创作与产出。他们具备娴熟的专业技能，拥有丰富的从业经验和深厚的知识储备，能为用户提供专业、高质量的内容。但 PGC 模式的内容生产往往需要一定的周期，不能满足用户及时获取实时信息的需求，而且内容无法个性化定制，在面对用户的多样化需求时，只能束手无策。

在 Web 2.0、Web 3.0 时代，社交媒体逐渐崛起，UGC 模式应运而生。用户不再只是内容的阅读者，而是成了创作者，人人都可以通过社交媒体自由地分享自己的经历、想法和经验，为其他用户提供有价值的内容。但是，UGC 模式也并不完美，因为信息泛滥、审核机制不健全，其内容质量很难得到保障，虚假信息时常充斥整个网络，版权及个人隐私侵犯等法律问题也比比皆是。

到了元宇宙时代，人们所需要的内容体量远远超过了传统互联网，PGC、UGC 都无法满足这一需求，于是 AIGC 应运而生。随着自然语言生成技术（NLG）和 AI 大模型的发展，海量、高质量、个性化内容的自动生成成为现实。我们可以看到，今天的 AI 不仅能够帮助我们搜索资料、分析问题，还能画画、写诗、作曲、剪辑、翻译，几乎所有的内容生产领域都能看到 AIGC 的影子。2022 年的北京冬奥会上，AI 手语主播"聆语"24 小时不间断地为观众播报奥运赛况，以精准的手势帮助听障人士感受到冰雪运动的魅力。AIGC 既保持了 PGC 的专业性和高质量，又避免了 UGC 的内容质量问题和法律问题。更重要的是，生成式 AI 能以更低的成本、更快的速度，生成更具个性化的数字场景与内容，使用户获得更好的体验，这不仅极大地提升了元宇宙内容的制作速度，还进一步扩展了元宇宙的想象空间与商业前景。

自古以来，创作一直是人类的专利，精美绝伦的敦煌壁画、脍炙人口的唐诗宋词无不让人感受到跨越时代、穿越古今的艺术美感。想象力与创造力就像两颗熠熠生辉的明珠，照亮人类前行的道路，赋予人类推动社会进步的动力。然而，如今，生成式 AI 也能具备类似的创造力，科技与艺术相互交织，让我们身处的世界有了更多的可能性。

2005 年，美国著名工程师和科技作家雷·库兹韦尔（Ray Kurzweil）在他的科技巨著《奇点临近》中探讨了人工智能发展的未来前景和奇点（Singularity）的到来。他将奇点定义为人工智能超越人类智能的时间点，在此之后，人类社会将会发生巨大而不可逆转的改变。随着生成式 AI 对数字内容构建能力的不断提升，尤其是 2023 年以来，AI 在多模态、跨领域应用中取得了突破性进展，我们有理由相信，人类将加速逼近奇点。

迈向数字文明的星辰大海

数字文明新浪潮已到来

科技的突飞猛进，让我们站在了一个崭新的时代交汇点。

数字文明如同一条奔流不息的长河，它从过去走来，向未来走去。在这股新浪潮的裹挟下，我们勇敢迈向了数字新纪元。

在这个全新的数字时代，我们对未来商业社会和人类文明的发展充满了希望与信心。这信心不仅来自数字时代将以超越我们经验的方式推动人类追求更高、更美、更高效和更公平的发展，更来自那些在数字化浪潮中通过数字驱动自身的数字原生企业。

1. 以数据资产牵引增长飞轮的亚马逊

亚马逊运用极致的数字化体系工具支撑其越来越庞大的智能商业帝国，其发展方法论的核心是一种自我驱动的快速循环。作为一个庞大的平台型商业帝国，亚马逊相信客户越多，卖家就越多，进而服务越好，成本越低，价格越低，体验越好，这样客户又会更多，如此不断地循环向前，不断地自我强化。这样的正向循环在亚马逊被称为"增长飞轮"（见图1-3），其动力就是海量数据形成的人工智能。

根据电子商务数据公司Marketplace Pulse的统计，作为世界上最大的电商平台，亚马逊平台有近千万个卖家账户。而根据亚马逊前CEO杰夫·贝佐斯（Jeff Bezos）在2021年度股东信中提供的数据，亚马逊拥有2亿高级会员（Prime Member）。基于这些庞大体量的消费行为数据，亚马逊通过算法为客户推送精准的个性化产品推荐，同时用定价机器人自动抓取全网多家竞品的价格数据，然后向客户推荐最低售价的商品，实现用户效用最大化。在亚马逊，AI 和大数据分析就是一种飞轮工具。通过 AI 持续对外输出组织知识和能量，某个业务板块所孵化的创新会为公司的 AI 扩展新的能力边界，升级后的 AI 又可以成为驱动其他业务板块更快发展的技术。最初，AI 和机器学习在亚马逊主要用于产品推荐团队提升其对产品销量的预测能力，但随着技术和智能水平的不断提高，AI 和机器学习积累的技术在全公司得到应用，变成整个公司的增长飞轮，将公司的组织和运作整合在一起。

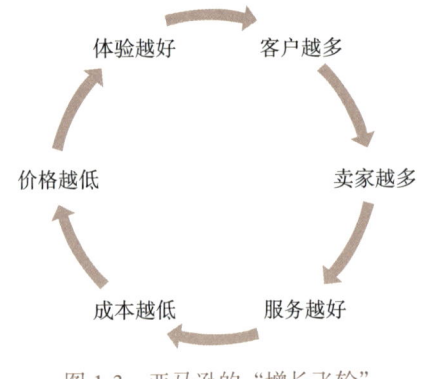

图 1-3　亚马逊的"增长飞轮"

亚马逊对数据的使用与其创始人贝佐斯对客户痴迷（Customer Obesession）和对数字极度精通有关系。亚马逊相信客户的永不满足是激励公司永恒发展的不竭动力，对客户痴迷是公司文化的核心。为了可以矢志不渝地聚焦客户、痴迷客户，亚马逊不仅要让客户满意，还要给客户惊喜，其对客户的了解常常深刻到连客户自己都意识不到的层面。这些对客户的了解是亚马逊 AI 最核心的能力，其背后是其对数字和算法的理解与敬畏，亚马逊由此开发出了成千上万种以满足客户需求为使命的产品和服务。

亚马逊的数据能力也驱动着其经营管理的不断优化，强大的数字指标体系和智能管理工具可以帮助管理层实现常规决策的自动完成，将管理层从日常经营中解放出来，集中精力去思考企业未来的发展。

2. 以数据驱动企业管理和决策的谷歌

谷歌是数字经济的伟大推手。谷歌的管理方式是面向未来的，它以数字驱动的方式，让员工自觉追求个人价值和企业价值的结合，追求"没有最好，只有更好"。

谷歌认为所有重要的决策都应该基于数据做出。在数千个谷歌式的经营决策中，有一个数据驱动人力资源管理的例子广为流传。谷歌的全球人力资源体系中有一个部门叫作"People Analytics Department"（人力分析部门），这个部门协助全球的谷歌组织通过数据分析做出人力资源方面的决策。此前谷歌曾经取消过所有的经理级别，将员工定义为独立的业务单元，然而，由于这样的方式效果不佳，谷歌不得不重新招聘经理。于是，公司总部向其人力分析部门提出了一个关于经理效能的管理问题，希望这个部门可以帮助管理层判断经理级员工的业绩贡献水平。

这个部门内部有一个由社会科学家组建的信息实验室，这些科学家通过模型分析谷歌现有的关于经理级员工表现的数据（包括上级评价和员工调研），分析结果显示经理级员工大体上表现不错，但由于现有的数据无法反映更多变量的影响，他们将所有经理的表现数据从高到低进行排序，并对他们分别进行分析。通过回归分析，这些科学家发现，差的经理和好的经理在个人产出和员工留存率等方面的表现存在非常大的差异。比较而言，好的经理不仅自己表现得更好，他们的员工也更乐意留下来工作，其存在确实有价值。然而，这些数据并不足以帮助管理层回答一个更有决策价值的问题：在谷歌，什么样的经理才是好的经理？

于是，科学家重新收集了两组数据：谷歌设立一个"优秀经理奖"，由员工提名获奖者，并且在提名的材料中举例描述优秀经理有哪些好的表现和能力，员工对经理的描述是第一组数据；第二组数据来自科学家与经理进行的面谈，旨在了解其行为和管理方式。科学家将从提名描述和访谈中获得的材料进行编码后再做语料分析，并通过分析，最终回答"什么样的经理才是好的经理？"。答案包括八种有助于经理获得高绩效的行为和三个导致经理低绩效的原因。

在此基础上，谷歌在不同场合将分析结果分享给相关员工。而为了进一步强化这八种行为，谷歌还以此为标准衡量员工的表现，发展出相应的每年两次的反馈机制，并将这些受到鼓励的行为编入其管理培训的课程。通过这样的方式，数据决策将谷歌的人力资源工作变成了一门科学。

在人类社会历史上，一直不乏伟大的企业家，他们充满宏大的构想，能敏锐地抓住时代红利，致力于改变人们的生活方式。在数字时代，这样的企业家还会不断涌现，引领人们在数字与智能的浪潮中探索更广阔的商业远景。

拥抱挑战与机遇

数字文明的新时代，是一个充满无限可能的时代。在踏浪前行的过程中，我们既会遇到挑战与艰险，也会遇到不期而至的机遇。面对未来，我们应该面对并拥抱不确定性带来的新机遇、新挑战，加速创新，不断变革。

1. 认知创新的挑战与机遇

经济社会的发展源于人类对世界认知的不断深化，并基于这种认知所形成的世界观逐步构建起改造世界的科学体系与技术成果。

在科学计算的时代，人类通过观察、实验、收集数据、解读数据的过程形成对客观事物的认知，用数学的方法解释了一系列物理、化学和生物现象。计算机的发明和应用，使得人类认知不断拓展和深化，从早期面向单一问题的科学计算到处理复杂业务的商业计算，再到进行系统性全局分析的社会计算。人类对世界再认知的过程，将推动人类从全新的角度认知自然与自我。

数字时代，大数据是实现新认知、新突破的关键，数据的采集、治理、分析、建模、应用、安全等方面的技术生态成为最突出的创新特征。大数据产业链条在跨领域交叉和融合技术研究的支撑下不断延伸和丰富，创造出巨大的技术创新机遇和技术应用发展空间，具备跨越式进步和超越发展的机会。

比如在数据开采融合领域，我国拥有自主知识产权的燕云 DaaS（Data as a Service，数据即服务）技术创造性地采用了黑盒技术，实现了在没有原始软件、没有原有开发人员的情况下快速获取数据的能力,证明了我们在这个领域有机会与世界最前沿的技术同台共舞,实现跨越式创新。

又如在数据治理方面,面临着隐私泄露、数据滥用和数据决策不可信等新问题和新挑战,数据隐私保护、数据交易和共享的可信传输、数据所有权与使用权的确权界定、数据价值衡量与定价等方面的技术创新需求巨大。

数字时代,大数据加快了人类认知新事物、重构新价值的迭代速度,重塑着人类社会的宏观经济结构、生产方式、消费模式和管理范式。数据的产生与获取、跨境传输、集成分析与挖掘、资本化以及市场化配置将显著改变传统价值链分工的治理模式,并为市场主体参与价值链分工创造更公平的环境和利益分配方式,推动全球价值链分工内涵的演变与分工格局的重构。

大数据加速了农业、工业、服务业、社会治理等领域融合创新的步伐,推动了传统行业经营管理方式的变革、服务模式和商业模式的创新以及产业价值链体系的重构。

在农业领域,我们可以利用大数据、区块链等技术构建融合农业信贷,通过农业资产数据化、农业数据资产化,推动农银直连,构建"数据+电商+金融"的农业数字生态平台。

在工业领域,大数据对于工业的改造能力已经体现在工业的各个环节。在设计环节,利用大数据推动 C2M(Customer to Manufacture,用户直连制造)等模式的发展,提升工业设计环节的个性化水平;在生产环节,利用大数据实现流水线作业监控优化,强化故障预测与健康管理,优化产品质量,降低能源消耗;在销售环节,利用大数据促进产销对接，提升工业产品销售的精准度。

在服务业领域，利用大数据分析技术，基于数据抓取、数据汇总、数据分析、消费习惯分析、营销战略建议、库存预警等，可以对多渠道用户数据进行精准分析，帮助企业客户全方位挖掘客流价值，加速营销转化。在利用数据脱敏技术保护敏感数据安全、合法、合规的同时，覆盖企业咨询评估、实施部署、定制开发、系统维护、战略合作等项目管理的全流程，最大限度地保证数据的可用性及可挖掘价值。

数字时代，数据作为一种生产要素介入经济体系，具有可复制、可共享、无限增长、无限供给等特点，因而成为连接创新、激活资金、培育人才、推动产业升级和经济增长的关键生产力。数据作为数字时代生产关系重塑的价值核心，已经有效推动"共建共治共享"社会治理格局的形成，以产业数字化转型及"产城人"融合发展模式驱动区域数字经济建设，带动区域发展模式的创新实践。

我们有理由相信，数字经济将成为新型全球化的起点，构建全新的经济全球化秩序，推进社会以低碳、循环、共生、安全和智能为特征地进行可持续发展。

2. 技术创新的挑战与机遇

信息技术的进化、竞争与选择如同达尔文对"进化论"的描述，是一个由低级到高级、由简单到复杂的发展过程。计算硬件的进化从计算尺、打孔卡、电子管、集成电路，到 CPU（中央处理器）、GPU（图形处理器），再到 FPGA（现场可编程门阵列），可见计算能力和工艺复杂度呈指数级增长。

互联网的进化由以信息互联互通为核心的消息互联网发展到以服务为核心的商业互联网，最终形成以信任与价值连接为核心的价值互联网。在信息技术的进化过程中，软件也实现了自身的异化，从附属于硬件到形成以操作系统为代表的产品和产业，再到互联网、云计算催生的"软件定义一切"。

通过解耦底层硬件设施，实现硬件资源的虚拟化和管理任务的可编程化，进而推动信息技术体系重塑。在基于"软件定义一切"理念构建的数字时代，融合创新的框架下，已经涌现出自动驾驶、云手机、云终端、智能设备等创新成果，并将持续衍生出更多的技术创新。

数字时代，云计算通过持续的技术进化，凭借承上启下的重要角色，成为工业时代到数字时代变革中产业自然选择的胜利者。云计算的诞生和发展体现了"软件定义一切"的内涵与外延。

云计算起初依托虚拟化技术，通过互联网对外提供计算、存储等数字服务能力，解决了数字时代不确定性引发的信息技术资源需求波动的问题。

云原生概念的提出和容器化封装技术的应用，使得云上应用程序如同集装箱运输一样，实现了独立单元化部署，并通过微服务的形式将解耦的服务组件以 API（应用程序接口）的形式对外提供服务。以容器、微服务、API 为代表的新兴云技术将会推动新型计算范式的持续涌现和更新。

工业时代，横向竞争只能产生细小的迭代发展，导致各领域、各行业因内卷化而把自己困在了竞争中。数字时代，在创新的方向选择上要摆脱原有的内卷竞争思维。云计算与边缘计算、区块链、神经计算等新型计算范式的融合，将使得云计算的范围、作用、产业链条呈指数级扩张，带给我们选择错位竞争、抢位发展的机会，使我们具备在数字时代的国别竞争中实现领先和发挥优势的机会。

3. 场景创新的挑战与机遇

数字时代，数字技术的应用使人类得以从网域空间的新维度看待事物发展，进而从整体系统的角度重新定义场景。

以丰田汽车精益生产为例，区别于其他汽车企业采用昂贵的专用生产设备、一味地提升单个零件性能的方式，丰田汽车在设计之初就已经基于已售车辆各零配件的维修状况，通过调节各类零件的工艺标准，使无故障使用时间达到最长，从整体的角度重新定义了汽车制造模式。

数字时代，第一性原理的思想指导、新技术的支撑以及数据场景的创新，将催生颠覆性的工具和方法。

以数字货币为例，"数字货币+区块链"的方式以"交易即结算"的零信任模式颠覆了现有的支付模式。届时，普惠金融、精准扶贫将更容易实现，数字货币将无须第三方机构协助，或将催生新的商业形态，从而以迭代创新推动经济社会的更大发展。

如今，数字经济作为数字技术和全球经济体系相融合的经济形态，正在创建经济全球化的新秩序。新技术、新产品、新金融正在成为新的全球经济增长点，形成以数字经济为代表的新型全球化趋势。

文明是人类永恒的主题，未来，人类将在数字文明的康庄大道上奋勇疾驰。站在从工业文明走向数字文明这个历史的拐点上，我们可以感觉到时代的车轮滚滚前行，与此同时，我们也面对着巨大的挑战。但无论如何，我们都应勇敢地拥抱这个新时代。正如托夫勒所说："悲观无用，不如思考蓝图，闯过布满暗礁的海。当过去的旧有局面已经不再适用，而新的未来与现实尚未建立之际，这时候正是成长和转化的绝佳时机！"

CHAPTER 2 ▶ 第 2 章

以数据科学
重塑数字化思维

数字文明新浪潮的到来，让人类社会从"互联网+"进化到"智能+"，从传统经济走向数字经济。我们很幸运，赶上了一个快速变化、不断迭代的时代。但是，很多人一直在谈论变化，却很少有人去探寻引起这些变化的本质原因，很少有人意识到，是认知革命推动了人类不断进化、发展。

过去，我们一直以数学为工具来认识世界。从毕达哥拉斯到牛顿，这些伟大的哲学家、科学家不断地完善数学体系，用数学托起了人类文明。而到了数字时代，数据科学这种能让万物互联、全景交互成为可能的知识体系颠覆了人类的传统认知和认知方法，让我们离世界的本质更近，对世界的认知更加系统、完整和准确。

数据科学带来了思维方式的进化，带来了数据管理的新认知，让我们认识到数字文明的到来已经让这个世界变得大不同。而这只是一个起点，颠覆才刚刚开始。

认知的力量

人类的进化史，是一次次认知革命

从猿人到人，从直立行走到太空漫步，人类经历了波澜起伏的进化，最终站在了地球的生物链顶端。在长达数百万年、史诗一般的进化过程中，人类不断地向更高的文明迈进，与此同时，人类的认知也在不断被颠覆、不断升级。

认知，就是我们认识、理解世界的方式。比如，在人类发展的早期，由于活动范围狭小，人们只能通过自己所看到的来认识世界。当他们看到眼前的地面是平的时，就认为整个大地都是平的，而天空就像是一口倒扣在大地上的巨大的锅，于是，"天圆地方"的认知由此而来。这之后，人们通过观察，又发现天空中的各个星体似乎都以地球为中心在不停转动，误以为地球是整个宇宙的中心，便又总结出"地心说"。这就是当时的人类对世界的认知，那时候几乎所有人都认为这就是世界的真实面目。而到了今天，就连小学生也知道地球是圆的，知道在浩瀚的宇宙中，地球只是一颗渺小的小行星。这是现代人对世界的认知。

回顾人类文明的发展历史，我们会发现，人类社会的第一次跃迁，其实是从 17 世纪末开始的。两次工业革命使人类社会从农业文明进入到工业文明，使社会生产力实现了一次又一次的飞跃，也使人们的生活方式发生了变化。人类在享受着工业文明带来的便利的同时，对世界的认知水平逐步提升。而今，当人类社会从工业文明进入到数字文明时，我们的认知又会经历什么样的变化？

要探寻这个问题的答案，我们需要回到人类认知的起点，看看人类是如何在这个星球上探究与自我、与世界有关的一切的。

现代人受益于科学思想，早就对世界运行的规律与数理逻辑了如指掌。在我们看来，地球是自西向东自转的，潮汐主要是由月球引力引起的，"天狗吞月"就是月食……这些都是常识。然而，对早期的人类而言，这一切都是难以理解的。于是，早期的人类凭借想象力，创造出了万能的"神"。在他们看来，"神"控制和主宰着世间的万事万物——世界是由"上帝"创造的，人是女娲造出来的；收成的季节遭遇洪涝，是因为天神发怒了；疾病缠身，是因为得罪了神明。在他们眼里，凡是自己得不到的，都需要向"神"祈求，然后默默地"听天由命"。在很长一段时间里，主流的神灵崇拜思想一直主导着人类文明。

当然，当时也有很多智者对这些神话传说产生了质疑，正如英国作家王尔德所说，"我们都生活在阴沟里，但总有人仰望星空"。被称为"科学和哲学之祖"的泰勒斯就是其中之一。泰勒斯认为不能用超自然因素来解释自然现象，而是试图用经验和理性思维来解释世界。他研究天文，确认了小熊座，用日影来测量金字塔的高度，并准确地预测了公元前585年发生的日食。他还提出了"万物源于水"的观点，认为地球漂浮在水上。虽然这一观点在今天看来并不准确，然而在泰勒斯生活的时代，这样的认知与原始宇宙观相比已经非常先进了。

泰勒斯率先以理性思维和科学精神探究自然界，比他晚半个世纪的毕达哥拉斯则更进一步。毕达哥拉斯是"数学之父"，他提出了数学体系，认为世界遵循的是数学法则，并指明了数字和事物规律之间的关系，开始用数学来探索自然的奥秘。毕达哥拉斯的思想对后世的思想家们产生了深刻的影响，在人类科学发展史上具有重要地位的亚里士多德就深受其影响。

亚里士多德的一大贡献在于，他把自然作为科学研究的客观对象，并首先对其进行科学分类，促使自然科学和社会科学逐渐演变为许多独立的学科。亚里士多德还提出了第一性原理，提出了科学发展的三要素，并且开创了一种全新的、用观察和推理来分析世界的方法，即定性的、非量化的方法。他还特别重视逻辑推理和严格运用数学工具，这些科学方法论为许多科学的发展奠定了基础。

亚里士多德是科学史上里程碑式的人物，他的观点在中世纪一直主导着人们对自然世界的认知。直到1900多年后，科学家伽利略在科学中引入了实验。他的实验采用的是量化的方法，其中最著名的就是比萨斜塔实验。他用重量不同的两个球同时落地的结论，推翻了亚里士多德"物体下落速度和其重量成比例"的学说。这种量化的实验方法，引领人类来到了一个新世界的大门外。

划时代的科学巨人牛顿用一个苹果为人类打开了这个新世界的大门，开启了向科学进军的新纪元。1687年，他发表了《自然哲学的数学原理》，阐述了万有引力和牛顿运动定律。牛顿运动定律让人们剥开表象，看到掌控这个物理世界的最基本规律。牛顿运动定律解释了我们在宇宙中所能观察到的诸多现象。历经两千年的发展，量化的宇宙观终于取代了亚里士多德的定性、非量化的自然观。直到今天，牛顿的理论仍然应用在土木建筑、机械、水利、交通等生产生活中，以及航天发射和星际探测等尖端科技上，深入人类社会的方方面面，大大推动了社会发展，对人类科学发展亦有着长久的影响。

牛顿超越了前人，创造了巨大的成就，以至于 18 世纪法国数学家拉普拉斯曾感慨，牛顿是迄今为止最幸运的人，全宇宙只有一条定律，被牛顿发现了。牛顿构建的物理体系曾经成为人类认知世界的重要准则，能解释世界上的许多现象。很多人甚至认为物理学已经不需要再补充新东西了，1875 年，普朗克在慕尼黑大学的物理老师甚至劝他不要再选择理论物理学了，说"物理学这一知识的分支即将完善"。

不过，当人们对世界的认知分辨率进一步提升到"原子"层面，深入到那些无法用显微镜观察到的现象上时，经典物理学就不再适用了。原子太小了，是看不见、摸不着的，物理学家只能在头脑中想象理论中的画面，这种研究远远超出了人类以往的经验。换句话说，人类的探索范畴已经超越了直接的感官体验，开始接受那个看不见的世界的存在。这也是为什么我们一般人看这些科学理论像看天书一样，因为它们描述的并不是一个看得见、摸得着、能体验得到的世界。而量子概念则为人类认知开辟了新天地。

20 世纪初期，以普朗克、爱因斯坦、玻尔、海森堡等诸多理论物理学家为代表的科学家创造并完善了量子力学，对微观世界的物质结构、运动与变化规律进行了探索，在量子物理的领域中找到了对世界的更好解释——世界的本质与我们直观"看"到的世界非常不同，即宇宙不是单一的，而是多重的；世界是复杂混沌、动态恒变的（即量变引起的质变是完全无法预测的）；世界是相互交织（即不是非对即错的）、难以预测的；世界是不存在客观时间（即过去、现在、未来）的，时间是人类虚构出来的主观感受……

量子力学是 20 世纪人类文明发展的一个重大飞跃，正是因为有了它的发现，才有了后来核磁共振仪、激光技术等的应用。对半导体的研究也依靠了量子力学的原理和效应，这最终促成了二极管和三极管的发明，为现代电子工业铺平了道路。

从以"神"为主宰到对现象进行观察与推理，从非量化的自然观到量化的实验方法，从牛顿运动定律到量子力学，经历了一次又一次的认知革命，我们才对这个世界有了更深入、更全面的认识。认知革命推动了人类的进化和发展，同时，伴随着人类文明和科技水平的发展，人类进行认知革命的方法和工具也越来越先进。

回望人类数百万年的艰难跋涉和科学探索，我们的心中应充满敬意。

以洞穴为家、以野兽为食的猿人用笨拙的双手制造出粗糙的骨器、石斧；打猎归来的智人用燧石或者火棍小心翼翼地打出火焰；人类随手折断一根树枝，在地上简单地画出牛羊的模样，手舞足蹈地向其他人解释着那符号的含义……这是我们的祖先为走向文明而迈出的艰难而坚定的步伐。

在大海中漂泊了几个月的航船带着发现新大陆的消息回到欧洲；

伴随着汽笛低沉的长鸣，蒸汽机车缓缓移动，载着人们驶向远方；第一代计算机在人的指令下进行精密的计算……这是前人为进入数字文明而开启的不同加速器。

任何一个时代的文明演化，任何一次认知升级，都不是突然出现的，而是经过长期沉淀孕育而生的。如今，我们已经进入了数字时代，但我们不应忘记，我们之所以走到今天，离不开人类数百万年的认知革命，离不开先哲们付出了巨大代价不断探索与完善的科学体系与技术成果。站在前人的肩膀上，我们才能仰望星空。认知的颠覆与升级，是数字时代发展的必然结果，更是我们必须承担的一种历史使命。

认知无边界，只有不断颠覆

人类进入文明社会以来，前人经过不断探索获得的认知便沉淀为后人的知识记忆，而后人在获得知识记忆的同时又不断领悟出新的东西、发明出新的技术。从某种程度上来说，在任何一个时代，人类的认知都处于当时条件下的最高峰。在如今这个时代，一个初中生所掌握的科学常识都要远远多于17世纪最伟大的科学家，而在一百年后的人们眼中，现在的我们恐怕也是非常无知的。

我们不必为此感到羞愧，事实上，即使是人类科学史上最伟大的人物，也无法摆脱自身局限性的束缚。

牛顿是有史以来最伟大的科学家之一，是开启人类科学时代的著名且极具标志性的人物。然而，牛顿也是神学的信奉者。如今有一种普遍说法是，牛顿晚年痴迷于神学，其实这并不准确。受家庭的影响，牛顿从小就信奉基督教，自始至终都是一个宗教狂人。

到了晚年，牛顿对宗教的痴迷与狂热变本加厉。据史料记载，从1687年到其逝世的1727年的40年中，牛顿把大量的时间和精力用于研究"炼金术"和注释《圣经》。终其一生，牛顿不仅留下了改变人类历史进程的牛顿运动定律、万有引力定律、微积分、光学，还留下了上百万字的神学笔记和炼金术笔记。

爱因斯坦也是伟大的科学家，但是他与牛顿一样，也存在认知局限。比如：爱因斯坦不接受以玻尔为首的哥本哈根学派宣扬的以"不确定性"和"概率"为基础的新量子理论，认为他们走上了一条"邪路"。经典哲学思想与因果法则是爱因斯坦的绝对信仰，在他看来，一个完备的物理理论应该具有确定性、实在性和局域性，而海森堡提出的测不准原理则违背了确定性。为此，爱因斯坦还留下了一句在今天被广为引用的名言："上帝不掷骰子！"

爱因斯坦的后半生一直致力于寻找一种统一的理论来试图解释所有的相互作用，希望把宏观相对论与微观量子力学统一起来，哪怕新的理论会否定他自己提出的相对论也在所不惜。这种努力一直持续到他1955年逝世。

老子说："道可道，非常道。名可名，非常名。"这句话体现了人的认知的局限性。"道"是基于人类的认知水平永远也无法触及的，人类在某个阶段认知的东西，只是个阶段性的结论——"理"。随着科技的进步和人类认知水平的提高，这个"理"会不断加强和深化，但还是不能达到那个无止境的"道"。

认识到人类思维的局限性，才是超越自我、重新建立认知的开始。

历史经验告诉我们，人类总是会在一个特定的时段内自以为找到了真理，后来才猛然发现，这些所谓的真理也会变，甚至会被彻底颠覆。这种大改变在人类历史上发生了许多次。比如，哥白尼让我们领悟到，在宇宙中，我们生活的地球不但不是中心，而且渺如微尘。达尔文让我们发现，人类是由其他生物进化而来的，与其他动物并没有太大的区别。弗洛伊德让我们认识到，我们连自己的意识都不能完全主宰，每天都在做很多无意识的行为。

面对每一次大改变，人类都勇敢地突破了思维的局限性，使自己的认知边界得到了进一步拓展，能力也因此得到了质的飞升。环顾我们所处的世界，无论是量子计算机的发明，还是壮观的基建工程，或是锲而不舍的宇宙探索，都证明了这一点。

今天，数字文明正在快速改变着我们的世界，在这个时代，科技的发展已不再是基本的线性发展，而是呈现出一种进化式、跳跃式发展，一种指数级增长的形态。随之而来的，必将是一场全新的、前所未有的认知革命，它将不断颠覆我们的认知，彻底打破我们以往所固有的思维模式与行为方式。

"现代管理学之父"彼得·德鲁克曾谈道："在动荡的时代里，最大的危险不是变化不定，而是继续按照昨天的逻辑采取行动。"⊖身处新时代，我们更应积极主动地突破思维的惯性和局限性，不将过去的思路、经验、逻辑简单套用于未来的成长路径，要拥抱数字时代，重构思维体系，实现认知升级，在迭代中不断自我更新。

⊖ 德鲁克.动荡时代的管理 [M].姜文波，译.北京：机械工业出版社，2018.

世界是数字的

从毕达哥拉斯到牛顿

在人类进入数字时代之前的漫长岁月里，数学一直是人类认识世界的重要工具，是一切科学的思维基础，是通过确立一定的初始设定并经由逻辑推理而构建的认知体系，在科技发展和人类文明中发挥着巨大的作用。

数百万年来，我们的祖先一路披荆斩棘、跌跌撞撞地前行，在这个过程中，人类对科学的探索从未停止。早在原始文明时期，人类就已经创造了很多令人难以置信的科学成就。但是，人类缺少一座桥梁、一条纽带，无法将那些灿烂的科学思想保存并传承下去。因此，后人不能在前人的思想基础上去拓展科学成果。

毕达哥拉斯为人类找到了一条纽带——数学。毕达哥拉斯认为，那个冥冥之中的万物之主一定是在用数学的原则操控整个世界，因为世界上再没有一样东西像数学那么严谨，那么完美，那么和谐。一百多年后，柏拉图完全承袭了毕达哥拉斯的这一理念，并将其发扬光大。他主张数学观念是先验的，它居于感性世界与理念世界之间，是人通往理念世界的必经阶段。从此，无论是科学还是哲学，都离不开数学这一工具。

两千多年后，当牛顿横空出世，用自己的智慧将宇宙中所有星体的运行规律以及人为什么能站立在天地之间归纳为一个短小却充满魅力的万有引力公式时，人们彻底地意识到了数学的力量。借助数学的力量，科学以一种不可阻挡之势开始腾飞，人类文明的进程也得以加速。

到了近现代，大量的自然科学成果如雨后春笋般涌现出来。从爱因斯坦的相对论到海森堡的测不准原理，从门捷列夫的元素周期表到孟德尔的遗传学说，从电子计算机到核能的应用，这些成果都离不开数学这一重要工具。

比如，第一次工业革命时期，瓦特对蒸汽机进行了改良，这项发明充分利用了当时高速发展的数学，尤其是微积分，因此他能够很方便地计算出蒸汽机的输出功率、锅炉蒸汽压力、连杆曲轴的角度等之间的对应关系。而内燃机和电力在社会中的普及又催生了汽车、电灯等伟大发明的问世。从某种程度上来说，数学托起了人类文明。

到了 21 世纪，数学与计算机紧密地结合在一起，释放出巨大的能量。苹果、谷歌、亚马逊、阿里巴巴、腾讯等巨头的出现，都要归因于此。这些公司虽然存在的时间并不长，却因为掌握了先进的工具，从而撬动了万亿市场。

在人类的发展进程中，工具也在不断进化。石器、青铜器、铁器、火药、蒸汽机、内燃机、电报、电话、电视、计算机、卫星、互联网……工具的进化引领着文明的进化。新工具不断淘汰旧工具，就像各种视频 App 正在淘汰电视，微信公众号和头条新闻正在淘汰报纸，微信正在淘汰短信，等等。

每一种工具，都代表着人类对世界的一种认知与探索。蒸汽机和内燃机代表的是力学的发展；电报、电话、电视、计算机和互联网的背后是信息化革命。而数学是抽象的工具，是其他工具背后的工具。数学之于人类，如同一把打开科学与真理大门的钥匙。正是因为有了这把钥匙，人类才摆脱了过去的迷茫，不再局限于自己世界的物理法则，从此可以想得更远，思考得更加接近真理。

数学还是一种语言，它源于具体的世界，又高于具体的世界，看似与物理、化学、经济、文化毫不相关，却能描述万事万物。正如伽利略所说："宇宙是一部鸿篇巨制，记载了所有的知识与智慧，随时可供人类阅读。然而，唯有识得书中文字，方能理解其奥义，而这部巨著恰恰是用数学的语言写就。"又如费曼所说："一个人如果不懂数学，那就很难体会到大自然最深层次的美……如果你想要认识自然，欣赏它的美，那就必须要通晓它的语言。"

从原始文明到农业文明，再到工业文明，数学大大地加快了社会发展、科技进步、人类文明进步的速度。到了数字时代，我相信，数学的应用不会就此止步。数学在科学技术、文化、经济学理论研究中仍然会占据重要地位，数学也会帮助人们取得更多的成就，帮助我们所生活的社会取得更好的发展，为人类文明带来更大的进步。

不过，数学研究的是现实世界的数量关系和空间形式，而在数字时代，数字化无限地扩大了空间概念的可能性，我们所处的空间除了二维平面空间、三维立体空间，还有网络虚拟空间。随着空间概念的改变，人类的认知也面临着不可避免的改变。作为一种认识和理解世界的工具，数学的局限性日益显现出来，这时，数据科学恰逢其时地出现了，人类的认知体系因此重构。

数据科学让世界重归一体

随着新技术革命的不断深入，尤其是数字技术和网络技术的发展，人类通过自己的创造性劳动，在计算机和互联网上，为自己的现实生活开辟了一个全新的领域。这个新领域是与人类所依存的物理世界并存的一个崭新的世界，即虚拟世界。

过去，人们只拥有物理世界这一个生存空间，虚拟世界的出现大大拓展了人们的活动空间。随着虚拟世界被快速地纳入人类社会的生产体系、消费体系和文化体系，人类的生活方式和思维模式也产生了划时代的变革，从数学到数据科学的认知颠覆就是其中之一。

从工业文明到数字文明的跃迁，使得社会资源的价值发生了巨大的改变。在工业时代，最具价值的资源是能源和原材料，人们把石油当成工业的"血液"，对其趋之若鹜。而在数字时代，一种被称为"新时代的石油"的新生产要素产生了，它就是数据。

人类发展的历史，从某种程度上来说，也是不断制造数据、积累数据的过程。我们甚至可以说，数据的规模体现了人类文明的发展程度，也体现了社会经济的发达程度。

从古老的以石块、木棍记数，到结绳记事，再到今天的大数据技术，人类获取、记录、存储数据的手段越来越多样，积累的数据也呈指数级增长。公元前3世纪的亚历山大图书馆"收集了全世界的书"，当时的人们认为，世界上的所有知识都汇聚于此。但是，如果把现在全世界的信息平均分给每一个人，那么，每个人所拥有的信息量一定远远超过当年亚历山大图书馆全部藏书所包含的知识量。再举个例子，我们的智能手机在一天的时间里就能为我们生产约 1G 的数据，而这大概是 13 套《二十四史》电子文件的大小。

在数字时代，数据已经与我们的生活紧密相连，我们在互联网上的每个行为，无论是浏览新闻、在线学习，还是在线购物、数字娱乐，都会产生数据。而智能手机以及各种智能家居用品，也在悄无声息地收集着我们的数据。我们每天都在用数据书写自己丰富的"生活史"。不过，与传统的数据记录有所差异的是，这些数据是有"生命"的。从某种程度上来说，它们如同我们身体的一种自然延伸，甚至在虚拟世界中组成了一个以数据形式存在的"我"。而那些互联网企业，通过对这些数据进行分析，就能深入了解我们。

我们是数据的生产者，更是数据的消费者。数字消费已成为今天不可忽视的一大消费支出。在过去的 20 多年里，中国互联网用户的规模发生了巨大变化。根据中国互联网络信息中心的数据，2000 年，中国网民数量是 1690 万人，而 2024 年 12 月，中国网民规模已经达到 11.08 亿。互联网用户的每周上网时长，也从大约 16.54 小时增长到 28.7 小时，也就是说，我们每个人每天有大概 4 个多小时都是花在网络上的，无论我们是使用支付宝、微信支付还是其他支付手段，无论是打车、坐高铁、购买机票，其实都涉及流量计费。数字消费已经成为今天每个人日常生活中非常重要的内容。

供给侧的变化也显示出了同样的趋势。20 世纪 90 年代，全球市值排名前十的公司大多是通用电气、沃尔玛、埃克森美孚等传统企业，只有 IBM、微软等少数高科技企业跻身其中。而到了 21 世纪初期，苹果、谷歌等高科技企业以不可思议的速度崛起，成为这个排行榜上的常客。当时间来到当下,高科技公司的比重更是不断提升。以 2024 年 12 月 31 日收盘时的股票市值为依据排出的"全球市值前 10 大公司"榜单显示,前十强分别是苹果、英伟达、微软、Alphabet(谷歌母公司)、亚马逊、沙特阿美、Meta(脸书母公司)、特斯拉、博通、伯克希尔。其中,80% 为高科技公司。

很多年前,有人曾经开玩笑地说,"也许在将来,当人们见面的时候,别人不会问你有多少资金,而是问你有多少数据。当人们要对一家公司的实力进行评估时,也不会只考察其技术与商业模式,还要关注这家公司拥有多少数据"。现在,这已经不再是一个玩笑。随着人类进入数字时代,数据的重要性日益凸显出来,海量的数据构成了我们耳熟能详的"大数据",释放出巨大的价值,并且已经渗透到生产、分配、交换和消费的各个环节,介入到整个经济运行体系之中,在社会经济的各个领域发挥着倍增器的作用。

与此同时,与数据相关的技术也日益蓬勃发展,涉及数据采集、数据传输、数据集成、数据融合、数据存储、数据处理、数据分析、数据应用、数据可视化、数据安全、数据确权等方方面面,由此形成了一种集数学、计算机科学、软件工程、统计学、工程学、信息技术等于一体的知识体系,也就是数据科学,如图 2-1 所示。

数据科学既不是纯粹的理论数学,也不是纯粹的数学应用,而是

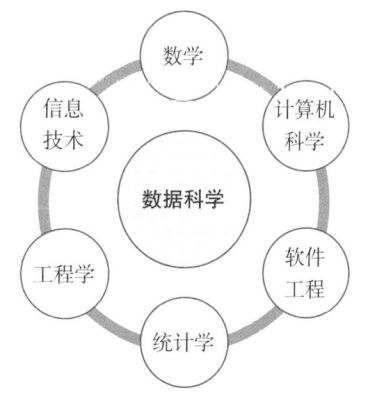

图 2-1 集多门科学于一体的数据科学

专门研究数据本身的知识体系。可以说，它是传统统计学的一种扩展和深化，其目的是解释各类数据现象背后的一系列规律。

在人类认识世界的过程中，早期的先贤们提出了很多概念，有人说世界是由金木水火土构成的，有人说世界是由粒子构成的，还有人说世界是由数字构成的，那世界究竟是由什么构成的呢？物理学对世界的认知，经历了从牛顿时期的绝对时空观到爱因斯坦时期的相对时空的不断演变。在物理学家的视角中，绝对时空作为客观存在的物理背景，独立于人类的认知；相对时空则是人类借助观测工具与数学语言建构的认知图景。而数学是关于数字的认识工具，从这个意义上来说，世界就是数字的。

明确了这一点之后，我们会发现，我们对世界的认知取决于对数字的认识与运用。随着数字技术的蓬勃发展，数据科学日渐完善并发挥巨大作用，而在数据科学的指导下进行的数字化过程，从本质上来说，是深化对世界的认知的过程，这种深化必然导致对世界认知的颠覆。

说到这里，我们必须重提数学对人类的伟大贡献。从毕达哥拉斯到牛顿，人们逐渐习惯了用数学的方法解释各种现象，不断深入地研究，并取得了丰硕的成果。从理想的简单单元到系统，到不确定的系统，再到复杂不确定的系统，人类的认知在颠覆中不断进化。这些思想理论的进化从客观上来说，为人类在数字时代应用数据、通过大数据认知世界做好了思想准备。如果没有数学打下的坚实基础，数据科学恐怕难以发挥其作用。

就像天文望远镜能够让人们亲眼看到宇宙的无垠与神秘，显微镜能够让人们观察到肉眼无法看到的奇妙的微生物,数据科学这种能够收集和分析海量数据的知识体系也帮助我们更好地认识世界,甚至颠覆了人类的传统认知和认知方法。

在现实生活中,人们遇到的很多现象和系统是活的、进化的、随机的,这些都是复杂问题,比如蝴蝶效应,完全无法用简单的理论来解释。数据科学的作用在这时就会凸显出来,我们可以在计算机里构建各种各样的模型,并将它们叠加起来,去模仿复杂系统,用仿真的方式来推演和预测。比如,地震预测和气象预测就是非常典型的应用。从系统的角度来看,数据科学是简单系统演化为复杂或超复杂系统之后形成的一套完备的知识体系。可以说,数据科学就是大智慧。

数据如水,奔流不息,无界融合;数据如山,具体准确,理性可靠。在数字时代,从理论上来说,任何事物都可以用结构化的数据来表达,事物之间的连接也可以通过结构化的数据交互来实现。因为有了数据科学,数据不再是简单枯燥的符号,而是成了让世界变得更紧密、更生动、更智慧的核心引擎。

很多人认为数据科学很高深,其实,数据科学没有想象得那么神秘,也没有那么难以应用,它其实离我们的生活很近,每个人都可以从中受益。掌握了数据科学这个工具,我们对世界的认知会更清晰,对时代发展的趋势也会更有把握。一个在黑暗中行走的人是走不快、走不远的,也不可能欣赏到沿途的风景之美。而数据科学,给了我们一双看清世界本质的眼睛。

从数据科学的角度,我们会发现很多事物的根本性变化。在工业时代,手机只是一种用于通信的工具,人们主要用它来打电话、发短信，而在数字时代，手机成了交流沟通、购物娱乐、线上办公的移动终端。在工业时代，汽车只是一种用于载人载物的交通工具，而在数字时代，汽车成了一种能满足多种需求的移动场景和新的生活空间。在工业时代，产品就是产品，边际效用不断递减，而在数字时代，产品不仅是功能性的产品，还有可能成为 IP（Intellectual Property，知识产权），有个性、有情感，能交互、能与消费者共同成长，边际效用可能不断递增。在工业时代，企业是一个提供产品与服务的商业组织，企业与员工、客户、合作伙伴的关系都是单向的、线性的，而在数字时代，企业已经发生了彻底的颠覆性改变，逐渐向着孵化产业 IP、加速产业 IP 成长、培育产业生态的平台进化，企业与员工、客户、合作伙伴的关系也变成了双向的、非线性的协同共生关系。

在工业时代，世界被人为地分割开来，而在数字时代，数据科学则让世界重归一体，也让我们离世界的本质更近，对世界的认知更加系统、完整和准确。

不变的底层逻辑：第一性原理

古希腊哲学家赫拉克利特说"万物流转"，又说"你不能两次踏进同一条河流，因为新的水不断地流过你的身旁"，他所表达的意思是：世界上唯一不变的就是变化。

所有事物都处于不断的变化之中，人类的进化如此，社会文明的发展如此，国家的兴衰如此，企业的发展也是如此。与此同时，我们的认知也在发生着巨大的变化，所以才有了从数学到数据科学的认知颠覆。

然而，物理学中的重要定律"能量守恒定律"却指出：能量既不会凭空产生，也不会凭空消失，它只会从一种形式转化成另一种形式，或者从一个物体转移到另一个物体，而能量的总量则保持不变。因此，当动能消失时，或许是转化为势能了；当势能消失时，或许是转化为热能了。

能量的具体形式是千变万化、无法捉摸的，就像是永远处于流转状态的万物，然而它的总量却始终如一，持久不变。可见，所有的"变化"都源于"不变"。

现在，我们需要认真思考：在这个世界上，究竟什么才是隐藏在诸多变化背后的那个"不变"？什么才是支配万千变化的那双"无形的手"？

从工业时代到数字时代，无论我们的文明经历了怎样的跃迁，无论我们的认知发生了何种颠覆，有一点是恒久不变的，那就是我们的底层逻辑——第一性原理。

亚里士多德是古希腊的哲学家，他的很多重要论述对人类有着深远的影响。两千年前，亚里士多德将第一性原理定义为"事物被认知的第一根本"，他说任何一个系统都有自己的第一性原理，它是根基性命题或假设，不能缺省，也不能违反。

简单来说，第一性原理告诉我们，万物皆有源头，那就是事物发展的"一"。大到立国之本、企业愿景，小到个人志向，第一性原理直指事物的本质内核。想要解决问题，就要找到"一"，就要透过现象看到事物的本质，把事物分解成最基本的组成，从源头去寻找解决方法。

埃隆·马斯克是一个极具开创性的企业家，他将数千颗卫星送到太空组成"星链"，构建了一个覆盖全球的太空通信系统；他投入巨资研发可回收火箭并获得成功；他推出了颠覆性的产品特斯拉，让人们重新认识汽车。有人曾问他成功的秘诀是什么，他将其总结为"第一性原理"。他曾说："通过第一性原理，我把事情升华到最根本的真理，然后从最核心处开始推理……""运用第一性原理而非比较思维去思考问题是非常重要的。我们在生活中总是倾向于比较，别人已经做过或者正在做的事情，我们也去做，这样的结果只能产生细小的迭代发展。第一性原理的思考方式是从物理学的角度看待世界，也就是说一层层剥开事物的表象，看到里面的本质，再从本质一层层往上走。这要消耗大量的脑力"。

2002年，马斯克迈出了他的太空探索之旅，他为自己制定了一个目标：将火箭发送到火星上。为了实现这个目标，马斯克四处奔波，参观考察世界各地的航空制造商，希望能找到合适的合作伙伴。然而，他发现，购买一枚现成的运载火箭的费用高达6500万美元。因为费用过高，马斯克开始重新思考该如何应对这个问题。

他开始运用第一性原理进行推理。当他从事物的本质出发去思考问题时，他发现，其实火箭不过是由航空级铝合金、钛、铜以及碳纤维等材料制成的工业产品。他对制造火箭使用的所有材料的成本进行了核算，发现与火箭的售价相比，这些材料的成本实在是微不足道。这时，他萌生了一个在别人看来有些异想天开的想法：购买便宜的原材料，自己制造火箭。

于是，马斯克创立了美国太空探索技术公司，也就是现在知名的SpaceX。利用第一性原理，马斯克把自己面对的难题溯源到最根本的问题，从而独辟蹊径，找到了更有效的解决方法。

在创业过程中，无论遇到什么样的难题，马斯克都会利用第一性原理来进行思考。在特斯拉早期研制电动汽车的时候，电池成本高成了一个难以突破的瓶颈，当时电池的价格是600美元每千瓦时，85千瓦时电池的价格将超过5万美元。但马斯克却坚持认为，这个问题一定有解决方法。他又开始从本质出发进行思考：电池组究竟是由哪些原材料制造而成的？这些原材料的市场价格是多少？他发现，如果特斯拉从伦敦金属交易所采购原材料，自己生产电池，成本才80美元每千瓦时。于是，特斯拉组建了自己的电池厂，投产之后成本大幅度下降。

建构在第一性原理之上的大厦才是稳定的。数字时代，我们的认知不断发生变化甚至被颠覆，但是，我们的底层逻辑不能变。数字时代是一个数据大爆炸的时代，每个人的周围都充斥着各种各样纷杂无序的数据和信息。然而，这只是表象，只有遵循第一性原理，利用数据科学拨开层层迷雾，看到这些表象背后的本质，我们才能始终拥有笃定的灵魂、坚定的信念和长期主义的心态，不被外界日新月异的变化所迷惑，时刻把握住根本。

重新认识数据与数据治理

数据的新属性：生产要素与资产

数据不是到数字时代才出现，而是在这个时代被重新发现的。那么，我们过去对数据的认知能否适应这个时代的要求呢？对于这个问题，答案一定是否定的。在数字时代，我们要基于数据科学与第一性原理重新认识数据，建立全新的数字化思维。

人人都在说数据，数据究竟是什么？我们首先要对数据的定义和概念有清晰的认知，这样才能更好地理解数据对于我们每个人、企业及社会的价值和影响。

关于数据，有很多种定义：国际数据管理协会（DAMA）认为，数据是以文本、数字、图形、图像、声音和视频等格式对事实进行表示；国际标准化组织（ISO）将数据定义为"以适合于通信、解释或处理的正规方式来表示的可重新解释的信息"。可见，数据是一种符号化描述，其表现形式是非常丰富多样的，它可以是一串数字，可以是一个视频，可以是一段文字，也可以是一张图片……

随着数字时代的到来，数据被赋予了两个新的属性：一是生产要素属性，二是资产属性。

生产力为经济、社会的发展提供了根本性的驱动力，而生产力是由生产要素构成的。所谓生产要素，就是我们进行社会生产经营活动所必需的社会资源，用一句通俗的话来说，就是缺了它就无法进行生产，经济发展也会受到严重影响。在传统经济中，土地、劳动力、资本和技术都是非常重要的生产要素，而在数字时代，数据成了新的生产要素。

作为一种新型生产要素，数据不仅参与到社会生产的各个环节中，在推动生产力发展、提高社会效率方面发挥着巨大作用，还促进了土地、劳动力、资本、技术等传统生产要素的数字化变革，进而赋能传统产业的转型升级。

数据不仅是一种生产要素，还成了一种新的资产。在会计学上，资产是指由企业过去的交易或事项形成的、由企业拥有或者控制的、预期会给企业带来经济利益的资源，土地、厂房、现金等都是资产。在数字时代，数据即资产。从个人的角度来说，我们的个人信息以及在生活、学习和工作的过程中所形成的经验、知识等都以数据的形式呈现，这些数据本质上就是我们的资产，为我们的生存与发展提供重要保障和源源不断的动力。

从企业的角度来说，企业在生产、经营、管理等过程中会产生海量的数据，比如业务系统数据、合同、专利等，这些数据已经成为企业重要的战略资产，不仅能为企业的可持续发展贡献力量，还是企业竞争力的重要组成部分。甚至可以说，一个企业拥有多少有价值的数据，直接决定了它在市场上的地位。苹果、谷歌、腾讯等企业之所以能够拥有世界领先的竞争优势，正是因为它们拥有并控制着超乎想象的海量数据。

而从国家的角度来说，数据已经逐渐渗透到社会经济的各个环节，尤其是政治、经济、外交、军事、科技、生物等方面的敏感数据，深刻影响着经济发展、国家安全和社会稳定。因此，数据既是国家的基础性战略资源，也是必须掌握的核心资产。以中国为例，2023年8月，中国财政部正式对外发布《企业数据资源相关会计处理暂行规定》，指出企业使用的数据资源符合无形资产准则的，应确认为无形资产；企业日常活动中持有、最终目的用于出售的数据资源，符合存货准则的应确认为存货。这一规定自2024年1月1日开始施行，这意味着，从2024年开始，数据要素正式计入资产负债表。

数据科学家维克托·迈尔-舍恩伯格和肯尼思·库克耶在《大数据时代：生活、工作与思维的大变革》中说道："虽然数据还没有被列入企业的资产负债表，但这只是一个时间问题。"今天，这个预言已经成为现实。

数据入表是一个具有划时代意义的里程碑，这说明数据已经完成了从自然资源到经济资产的跨越，未来将成为政企报表及财政收入等的重要支撑。这是社会发展的必然结果，也必将对未来的社会发展产生深远的影响。

那么，一个企业的数据资产是从哪里来的呢？如图2-2所示。

从传统意义上来说，企业的数据包括两部分：一是系统数据，比如企业财务系统、销售系统、ERP系统、生产系统都会自动采集和产生各种数据；二是另类数据，这类数据是我们为了完整地描述一个图景时需要补充的数据，这类数据不是系统自动生成的，需要从外部获取。比如金融行业在构建营销模型或风控模型时往往需要补充一些区别于传统金融数据的、有利于投资者进行投资决策的有价值的信息。过去，企业都是围绕着系统数据、另类数据来进行产品、服务、业务流程等方面的创新的。比如，银行会对各种金融数据进行采集、分析，同时结合客户的风险偏好和资产拥有量，不断地为他们提供适合的新产品。而生成式AI的出现，带来了第三种数据，也就是人工智能生成内容（AIGC）。

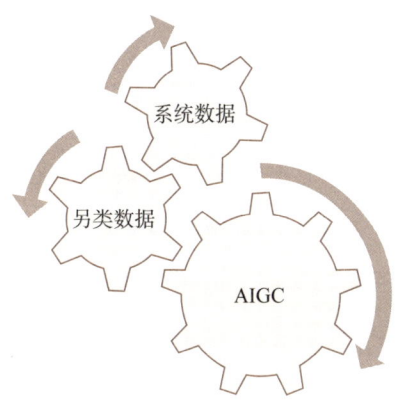

图 2-2　企业数据资产的来源

企业所制定的任何一个战略，根本目标都是创新。经济学家约瑟夫·熊彼特认为创新就是要"建立一种新的生产函数"，即"生产要素的重新组合"，就是要把一种从来没有的关于生产要素和生产条件的"新组合"引入到生产体系中去。根据熊彼特的观点，过去，我们将业务创新理解为产品和服务的重新编排，而在数字时代，当数据成为重要的生产要素后，创新就演变成了数据要素的重新编排。

生成式 AI 加速了数据要素的重新编排过程，也加速了企业对客户、业务、产品的洞察过程，从而使企业的业务创新加速。因为生成式 AI 可以充分利用系统数据和另类数据，自动生成更多数据，使人们产生新的认知，从而创造出新的产品和服务。如果说过去数据的积累是以年、月为单位来计算的话，那么有了生成式 AI 之后，时间的计量单位就变成了分、秒。所以，生成式 AI 为数字经济带来了一场巨大的变革，它将 AIGC 和传统数据资产紧密地结合在一起，助力企业以更快的速度不断积累数据资产。

AIGC 的不断积累，得益于通用大模型的使用。通用大模型每分每秒都在产生新的数据，这似乎让企业的数据资产累积进入了"永动机时代"。然而，仅仅依靠通用大模型是远远不够的，通用大模型的能力只相当于高中生的水平，它虽然具有基本的知识和思考能力，但不是专才，这就导致它无法在专业领域与大家分享经验。要让生成式 AI 在专业领域发挥更大作用，就需要将专业化的语言和知识转化成知识图谱，不断训练大模型，提升知识密度，使其成为某个领域的专家。

在过去的几年里，神州数码一直致力于对行业知识领域的研究，并推出了"神州问学"。这个名字是我起的，引用了《礼记·中庸》中的一句话"故君子尊德性而道问学，致广大而尽精微"，希望用专业化的知识帮助企业累积数据资产，打通算力、模型、知识、应用四大要素，综合地解决 AI 智能体（AI Agent）工程在建、链、用、管各个环节的 AI 技术和工艺问题，形成一条完整的智能体应用工程流水线，同时通过"一站式"解决问题的方式，帮助企业加速生成式 AI 的创新、降低 AI 应用的开发门槛及落地成本。

神州问学的独特之处在于，它能在一个平台上为企业提供从模型、算力到数据和应用的全流程整合能力。它既是一站式企业大模型集成平台，也是企业的大模型运营平台，具备全方位、多层次的平台能力，可实现对计算资源和大模型的集成调用、数据或语料治理和知识管理、快速的低代码应用搭建，并有效解决大模型安全、应用场景创新、数据或语料治理、AI 应用敏捷开发、模型统一管理、模型和应用的持续发布与管理等诸多方面的问题，能够让企业更快地将自身业务需求与大模型技术相结合，实现业务流程的智能化。

我们发现，神州问学在企业实际场景应用中取得了非常好的效果。以一家跨国医疗设备公司为例，传统的 FDA 认证一般需要修改 6 个版本，耗时 10 个月与第三方机构反复沟通，但通过神州问学，这个时间可以从 10 个月缩短到 1 个月。这背后，神州问学通过让生成式 AI 重新学习所有历史申报材料，甚至监管员的审批偏好，使这家公司在极端情况下仍然能一次性通过认证。

数据的价值不仅在于它的量级，更在于科学有效的治理与使用，这是我们重新认识数据的根本出发点。只有正确理解了数据的生产要素属性和资产属性，企业才能不断积累数据资产，激活数据价值，把握新一轮科技革命和产业变革带来的机遇。

谁才是数据的主人

数据可以无限挖掘和利用，这是它区别于土地、劳动力、资本、技术等传统生产要素的主要特点。正因为如此，其价值远大于传统生产要素，正如《大数据时代》中所说："数据就像一个神奇的钻石矿，当它的首要价值被挖掘后仍能不断给予。它的真实价值就像漂浮在海洋中的冰山，第一眼只能看到冰山的一角，而绝大部分都隐藏在表面之下。"⊖ 而要想更好地利用数据，挖掘其价值，我们必须学会对数据进行科学、高效的管理。随着人工智能、区块链、云原生等技术的蓬勃发展，旧的数据应用与管理规则将被颠覆，新的规则正在形成。

了解数据管理的新规则，我们要先从数据确权开始说起。

有一个关于美国总统唐纳德·特朗普的故事，充分说明了数据确权是多么重要。

在2016年的美国总统大选中，特朗普爆冷击败了大热的总统候选人希拉里·克林顿，当选新一任美国总统。这一结果令世界哗然，一些人开始深挖这场选举背后的故事，这时，一家隐藏在特朗普身后的名叫"剑桥分析"的公司逐渐浮出水面。

剑桥分析公司是一家数据公司，它从互联网上搜集数据，并对其进行分析后提供给有需求的公司。在2016年的美国总统大选中，剑桥分析公司利用从脸书那里盗取来的5000万（事件曝光后，脸书承认这一数据实际为8700万）

⊖ 迈尔-舍恩伯格，库克耶. 大数据时代：生活、工作与思维的大变革 [M]. 盛杨燕，周涛，译. 杭州：浙江人民出版社，2013.

名用户的数据，为竞选进行精准营销，针对目标选民在脸书上推送特朗普的政治广告，最终帮助特朗普成功当选美国总统。

戴维·卡罗尔（David Carroll）是一位美国学者，一直关注当前社会中的数据泄露问题，而剑桥分析公司在美国总统大选中所做的事情恰恰印证了他的担忧。2018年，他想到了一个主意：如果脸书上的个人数据都在剑桥分析公司那里，那么，个人是否可以要求这家公司归还自己的数据？

2018年8月，卡罗尔向剑桥分析公司提出申请，希望这家公司归还与他相关的个人数据。他认为，数据权利应该被视为个人的基本权利而得到尊重。2019年，卡罗尔赢得诉讼，剑桥分析公司的母公司SCL集团认罪。

事后，在接受记者采访的时候，戴维·卡罗尔提出了一个深刻的问题："当我们被当成一种可以'开采'的大宗商品时，意味着什么？"

这不由得让我们深思：数据究竟属于谁？由谁来使用？人们的隐私权如何得到保护？

在数字时代，频繁的网络生活使我们的各种行为被广泛地记录了下来，产生了海量的数据。数字产业化与产业数字化的快速融合发展，使数据成为一种基础性资源。数字经济的发展需要数据有序、安全地流动，数据权利已经成为一种不可忽视的权利，数据确权也因此成为当务之急。

所谓数据确权，是指确定数据的权利人，也就是谁拥有数据的所有权、占有权、使用权、受益权，以及谁对个人隐私权负有保护责任等。北京国际大数据交易所对"数据确权"的定义是为明确数据交易双方对交易数据在责任、权利等方面的相互关系，保护各自的合法权益，而在数据权利人、权利性、数据来源、取得时间、使用期限、数据用途、数据量、数据格式、数据粒度、数据行业性质和数据交易方式等方面给出的权属确认指引，以引导交易相关方科学、统一、安全地完成数据交易。

数据确权之所以难，是因为与我们常见的有形或无形物的产权相比，数据权利有其特殊性。

比如，数据是多种多样的，数据类型不同，数据权利也不同。通常来说，按照产生的主体，数据可以分为三种：政府数据、商业数据和个人数据。政府部门在履行职责的过程中制造或者搜集到的数据是政府数据，企业等商业机构在运营过程中制造或搜集到的数据是商业数据，而个人数据则是指那些与个人有关的、能够识别个人身份的数据。当然，在前两种数据中也会有涉及个人特征的数据，这些数据也应被归为个人数据的范畴。这三种数据的权利内容是不同的。除了都具有财产权属性外，政府数据通常被认为是社会公共资源，公众对这类数据有知情权、访问权以及使用权；商业数据的权利还包含企业的知识产权、商业秘密和其他合法权益等；个人数据还涉及姓名权、隐私权等，可以说，人格权是个人数据的一项重要权利。此外，数据权利不是一成不变的，它会随着应用场景的变化而变化，甚至衍生出新的权利内容，这也加大了事先约定权利归属的难度。

再比如，数据的生产过程中有很多参与者，每个参与者在各自环节都对数据价值做出了贡献，权利需要在各参与者之间进行划分。对于实物资产，确权是一个非常清晰明了的问题。大到房屋、汽车，小到杯子、椅子，它们在产权层面都是非常明晰的。生产商生产了这些产品，这个生产过程与消费者无关，因此，生产商独享产权。当这些产品从生产领域进入消费领域后，消费者通过购买获得了它们的产权。然而，数据的生产过程完全不同。以电商为例，我们在消费过程中所产生的大量数据被电商平台所掌控，电商平台利用这些数据为自己的业务服务，比如，通过对这些数据进行分析，为用户提供个性化的产品推荐。但是，这些数据的生产过程并不是电商平台独立完成的，电商平台只是提供了一个平台，在这个平台上，用户通过注册、浏览、订阅、购买、评论等一系列行为生产了相关的数据。所以，这些数据的生产过程，电商平台与用户都有参与，都做出了贡献。这些数据的产权归属和使用权就很难确定。

面对错综复杂的数据权利，如何进行数据确权，是我们在数字时代必须面临的一个新挑战。

要解决这个问题，政府的引导与规范发挥着重要的作用。现在，各国政府都在进行着数据治理方面的探索。

在中国，2015年8月31日，国务院印发《促进大数据发展行动纲要》，明确提出"引导培育大数据交易市场，开展面向应用的数据交易市场试点，探索开展大数据衍生产品交易，鼓励产业链各环节市场主体进行数据交换和交易，促进数据资源流通，建立健全数据资源交易机制和定价机制，规范交易行为"。在国家政策的积极推动、地方政府和产业界的带动下，很多省市都开始探索大数据交易机制，贵阳大数据交易所、东湖大数据交易中心、上海数据交易中心、北京国际大数据交易所等纷纷成立，为数据资产登记确权、数据资产整合、建立交易双方数据的信用评估体系等做出了巨大的贡献。

在美国，2016 年，美国联邦通信委员会（FCC）批准了一项消费者隐私保护规则，明确规定由宽带互联网接入业务所产生的数据的所有权归消费者所有，宽带服务提供商在使用消费者的网络搜索、软件使用、位置信息以及其他个人信息数据之前必须征得消费者同意。

2017 年，欧盟发布了《构建欧洲数据经济》（Building the European Data Economy），对非个人的和计算机生产的匿名化数据设立数据生产者权利，他人未经授权不能获取和使用这些数据。

2018 年，欧盟颁布了《通用数据保护条例》（GDPR），规定用户对与自己相关的数据拥有自主控制权，并且数据主体有权要求数据控制者删除与其相关的个人数据，以防止其数据被传播。

2020 年 12 月 15 日，欧盟又公布了《数字服务法案》和《数字市场法案》两个立法草案。这两个草案针对的是数据平台和大型科技企业。《数字服务法案》旨在进行平台治理，保护平台内用户的数据权利，而《数据市场法案》则针对平台竞争，目标是创造公平的平台竞争环境。

在数字时代，一个国家的数据产业能否获得健康、可持续的发展，与国民经济、人民利益、社会发展息息相关，而数据确权是数据产业整个链条中最为基础的一环。把数据作为一种商品，并进行有效的产权厘定，将为数据安全提供清晰的制度保障，为数据权利纠纷提供规范化的评价体系，发挥数据对促进社会经济发展的潜能，使其更好地为社会创新和发展服务。

给数据安全加上"紧箍咒"

在数字时代，各行各业都在加速进行数字化转型，数据与电力、工厂、园区、城市、交通、金融的关系越来越紧密，全球数据总量爆发式增长。IDC 发布的数据显示，2025 年全球将产生 213.56ZB 的数据，到了 2029 年，这一数字将增长到 527.47ZB。如此巨量的数据背后，是严峻的数据安全挑战。

近些年来，频繁发生的数据泄露事件已经充分说明了这一点。例如上一节中我们提到的脸书用户数据泄露问题，该事件侵犯了很多人的隐私权，美国政府对脸书处以 50 亿美元的罚款（相当于其一年总收入的 9%）；谷歌的母公司 Alphabet 因为个人数据的处理违反欧盟 GDPR 法规，被罚了 5000 万欧元。这些巨额罚款足见数据安全的必要性与重要性。

传统的安全模型主要是面向网络和已知威胁，但随着新型数字化企业的 IT 重心向以业务应用为中心转移，传统安全模型面临巨大挑战，包括面临高级持续性威胁（APT），零日漏洞防护非常脆弱；网络边界发生变化，边界防护无法解决内部威胁问题；人的因素成为安全体系的重要不确定因素和影响因素，而此前没有得到足够重视。

在数字时代，数据安全已经突破了传统信息安全领域对数据的破坏、篡改、越权使用等行为进行防范的需求。新时代的数据安全，更重要的是在确保上述目标的前提下，实现数据的有序流动、合规使用和安全融合，这样才能最大限度地从数据中获取洞见，为更多的人提供数据的价值。否则，被封死的数据，其价值是极其有限的，而我们所说的数字时代则会止步于对数据安全隐患的忧虑中。

对数据安全流动和使用的第一个现实需求，通常是"数据脱敏"。这一需求在绝大多数企业中极为常见，数据价值的发掘者和使用者，事实上无须知道数据集中敏感部分的内容，仅需要知道数据集的整体逻辑关系。如果能够采用技术手段，将数据集里预先确定的敏感部分做模糊处理，整体数据集的价值就能够得到无损且充分的发挥。而在数据脱敏技术问世前，这就是横亘在数据价值发挥面前的一道难关。

神州数码研发的 TDMP（测试数据管理平台）数据脱敏系统能够在企业客户环境中实现这一功能。

与所有创新技术的落地一样，数据脱敏技术的落地也包括技术实现效果本身以及技术对真实企业环境的无损适配这两个关键点。TDMP 在处理 PB 级数据量以及各种复杂的企业数据源时可以确保高并发、高性能地实现脱敏；其内置的 AI 扫描引擎不仅能实现对敏感数据进行高度变形和屏蔽，还能使脱敏后的数据保有业务数据的高仿真性和一致性，确保脱敏后的业务语义不变。相同的数据进行多次脱敏，或者在不同的系统中进行脱敏，数据始终保持一致性，从而保障了业务系统数据变更的持续一致性以及广义业务的持续一致性。

这两个关键点使得神州数码的这个产品在大量金融企业得到广泛

认可，并迅速向金融以外的行业拓展。

事实上，数据脱敏仅仅是数字时代实现数据安全的技术之一。我们应该认识到，从数据源头对数据的分解、分类和识别，到大数据沙箱的部署，再到数据脱敏、多方安全计算、隐私计算、可信计算等场景的技术实现，整个数字时代的数据安全治理已经成为让数据安全流动的保障，是发挥数据价值的关键支撑体系。它所撬动的市场规模是不可限量的。神州数码正在这个领先领域进一步投入力量，与我们的合作伙伴一起，推动中国企业在数字时代的数据安全能力建设。

数据安全已经超脱于传统信息安全，除了通过一系列的数据安全技术来确保数据安全，完善的法律也是不可或缺的。近几年，各个国家纷纷密集颁布与数据安全相关的法规以及标准，如欧盟的《通用数据保护条例》、美国的《2018年加州消费者隐私法》，以及中国的《中华人民共和国网络安全法》和《中华人民共和国个人信息保护法》等。

在大数据时代，数据的开发、利用、挖掘、共享和融合能使我们享受到大数据红利，但在这个过程中，又隐藏着数据安全问题。只有用法律和数据安全技术给数据安全加上"紧箍咒"，数据才能在安全流动中实现价值最大化。

以数据主权抗衡数据霸权

以色列历史学家、畅销书《人类简史》《未来简史》的作者尤瓦尔·赫拉利在其著作《今日简史》中提出了"数据霸权"的概念，他说:"随着越来越多的数据通过生物传感器从身体和大脑流向智能的机器,企业和政府将更容易了解你、操纵你、为你做出决定。更重要的是,它们还可能破译所有人身体和大脑背后的深层机制,拥有打造生命的力量。"⊖

在赫拉利看来,当下的高科技巨头掌握了数亿乃至数十亿名全球用户的数据,通过对这些数据进行分析,它们能深入、全面地了解用户的生活模式,甚至比用户更了解他们自己。对掌握这些大数据的公司而言,世界并不真的存在秘密。凭借着持有的巨量数据、大量运算资源以及最先进的分析能力,这些公司不仅能获得巨额利润,还能不受限制地拓展自己的商业版图。赫拉利由此总结出:掌握了数据的人,也同时掌握了一种"数据霸权"。

在农业社会,土地是最重要的资产。那时,人们之间的斗争一直围绕着土地的争夺展开,谁拥有更多的土地,谁就更有权势。到了工业社会,机器和工厂的重要性超过土地,斗争也随之转变为争夺这些重要的生产设施的控制权。到了数字时代,数据的重要性逐渐超越土地、机器和工厂,于是,最激烈的斗争将以数据的控制权为中心。

放眼望去,谷歌、Meta（原脸书）、亚马逊、字节跳动、阿里巴巴、腾讯等互联网巨头在数据的搜集和控制方面已经确立了霸权地位。

关于数据霸权的一个经典例子是谷歌、脸书和澳大利亚的媒体付费之争。从 2021 年 2 月 18 日起,脸书限制了澳大利亚用户在其

⊖ 赫拉利.今日简史:人类命运大议题[M].林俊宏,译.北京:中信出版集团,2018.

平台上浏览、分享和发布新闻内容，其中包括澳大利亚政府的官方账号。

高科技巨头的举动，让人们看到了它们所拥有的一种几乎不受控制的权力。这种权力不是由国家和法律赋予的，而是它们的用户在无意识中赋予的。这种权力建立在互联网时代空前强大的信息垄断之上，其影响力几乎没有边界。谁拥有这种权力，谁就拥有了在数字世界里生杀予夺的能力。

2019年，经济学家肖沙娜·朱伯夫（Shoshana Zuboff）在其著作《监视资本主义时代》中一针见血地揭示了大型科技公司如何通过监视用户的行为数据获取巨额利润，进而主导资本主义社会，重构权力体系。

2019年8月，剑桥分析公司的联合创始人克里斯托弗·怀利（Christopher Wylie）也通过其著作《心智操控》向公众揭露社交媒体的数据如何被利用来操纵2016年的美国总统大选和英国"脱欧"事件，并向公众提出警示："那些控制着信息的当今世界上最强大的科技公司，正在以过去无法想象的方式操控着大众的思想。"

如果说人类在陆地、海洋、太空之外发展出了互联网虚拟世界，那么这些高科技巨头无疑是虚拟世界的超级玩家。随着虚拟世界与物理世界的日益融合，这些科技公司基于在虚拟世界中获得的巨大权力，又开始塑造物理世界，甚至逐步成为物理世界中新的主宰者。这种数据霸权，已经成为悬在我们头顶的达摩克利斯之剑。

当然，拥有这种数据霸权的不只是这些高科技巨头，有一些国家也在构建自己的数据霸权，比如美国。2018年3月，时任美国总统特朗普签署了《澄清境外数据合法使用的法案》(即《云法案》)，这个法案规定，为保护公共安全和打击恐怖主义等犯罪，美国政府有权力调取存储于他国境内的数据；但如果其他国家要调取存储在美国的数据，就必须通过美国的"适格外国政府"审查，其中包含人权等与数据保护无关的标准。《云法案》打着"公共安全"的旗号，对他国数据进行长臂管辖，在数据主权上实行双重标准。美国对 TikTok、华为的封禁，都与此有着极大的关系。

传统的社会权力结构和社会治理体系，与传统媒体时代的信息传播是相互匹配的。在数字时代，社会权力结构和社会治理体系必将重构。而在这个过程中，数据主权不可忽视。只有将数据安全上升到主权的高度，树立新的数据主权观，才能有效地与数据霸权相抗衡。

数据主权不像传统主权那样主张主权的绝对性、最高性、排他性，因为国家并不掌握全部的数据，也没有能力挖掘全部的数据。数据世界的实际支配者是那些高科技巨头，数据主权首先是针对它们的，其次才是针对它们的实际控制者——所在国家的。数据主权主要主张对隐私与安全的保护，当这种保护要求没法通过一般性的法律监管实现时，主权国家就会主张对数据的实际控制，比如本地化存储、数据信托、跨境流动管制等。但无论具体措施如何，隐私与安全都是数据主权的正当性基础。

正因为如此，2020 年 7 月，欧盟接连发布了两个关于数据主权的报告：7 月 14 日，欧洲议会发布研究报告《欧洲的数字主权》，阐述了欧盟提出数字主权的背景和加强欧盟在数字领域战略自主权的新政方针，并明确了 24 项可能采取的具体措施；7 月 30 日，欧洲对外关系委员会（ECFR）发布《欧洲的数字主权：中美对抗背景下从规则制定者到超级大国》，阐述了欧盟不能继续满足于通过加强监管来捍卫欧盟数字主权，毕竟裁判永远无法赢得比赛。欧盟现在不仅要做规则制定者，还要直接"下场踢球"，在中美科技对抗的夹缝中，成为数字领域的超级大国。

中国也在全力捍卫数据主权，构建自己的国家数据战略。比如，在法律层面明确"国家数据主权"，为数据全生命周期监管提供法律依据；加强数据跨境监管，对数据出境严格管控，规范外资和外资控股企业数据中心建设，要求在中国境内开展业务的企业必须将其业务数据存储于中国境内的数据库或数据中心，且必须接受政府监管；加快大数据领域核心关键技术国产化替代步伐，彻底解决"卡脖子"问题，让数字基础设施牢牢掌握在自己手中，努力筑牢数据主权的坚固藩篱。

以数字化谋未来

数字化是时代发展的必然

从数学到数据科学的认知颠覆对人类社会的方方面面都产生了深远的影响，其中，受影响最深的莫过于企业。随着数据价值的深度挖掘以及数据资源的广泛应用，企业的业务流程、管理决策、组织模式以及产业链协同方式都发生了质的改变，数字化转型成为企业的必然选择。

一次，在与江南造船集团董事长林鸥交流的过程中，他提出的一些关于企业数字化转型的见解，令我受益匪浅。他的一句话尤其令我印象深刻："企业不进行数字化转型必死。"

我非常认同这一观点。我认为，经济活力、经济动能来自两个方面：一是企业家精神；二是与时代脉搏同步。如果某个企业的领导者不具备企业家精神，这个企业一定缺乏活力。同样，如果某个企业不与时代脉搏同步，想获得新动能，也是非常困难的。

在这里，我要和大家分享几个故事。2022年春天，我们亚布力中国企业家论坛的几个理事与新东方创始人俞敏洪一起吃饭。当时，因为受到"双减"政策的影响，新东方面临着转型。做出业务调整后，新东方退租了部分校区，大量桌椅闲置，其中很多都是崭新的。对于这些桌椅的处理，俞敏洪做出了一个令人们惊讶的决定：他将它们捐赠给了偏远地区的乡村学校。据俞敏洪说，当时新东方捐赠的桌椅将近8万套。那个时期是新东方创立以来的至暗时刻，股价一度跌破1美元。但我们都确信，新东方一定会重新崛起。

果不其然，六个月之后，俞敏洪旗下的"东方甄选"抓住了短视频风口，获得了意想不到的流量爆发。在"东方甄选"的带动下，新东方的股价开始触底反弹，实现了绝地重生。这就是企业家精神的体现，也是与时代脉搏同步的体现。

第二个故事是关于英伟达（NVIDIA）的。美国人工智能研究公司OpenAI发布ChatGPT后，ChatGPT迅速成了最火的大语言模型，由此掀起了由 AI 大模型引领的新一轮人工智能技术浪潮。在新一轮以 AI 大模型为代表的生产力变革中，深耕 AI 算力基础设施领域多年的英伟达成了大赢家。2023 年 8 月，英伟达公布其截至 2023 年 7 月 31 日的季度财报，财报显示，当季公司营收创历史新高，达 135.1 亿美元，同比增长 101%；净利润达 61.88 亿美元，同比增长 843%；其毛利率也达到惊人的 70.1%。[1]

英伟达的故事也是企业家精神和与时代脉搏同步的体现。英伟达的创始人黄仁勋是一位华裔美国企业家，被业界称为"图形界的乔布斯"。自创立以来，英伟达一直致力于图形芯片的研发。早期，因为在错误的技术方向上押注，英伟达先后遭遇了多次失败，黄仁勋历尽千辛万苦从风险投资家那里得到的投资也被耗尽。但黄仁勋很幸运，就在这时，当时的日本游戏巨头世嘉（SEGA）找到了他，拿出 700 万美元，让他为它研发一款游戏机芯片。虽然这个项目也以失败告终，但世嘉仍然付了钱。这笔资金使英伟达存活了下来，这才有了后来的 GPU[2]，以及英伟达在图形芯片领域的统治地位。几年前，在 AI 大模型尚未问世之时，英伟达并不像今天这样活跃，而随着人工智能的全面爆发，英伟达一飞冲天，成了世界上第一家市值突破万亿美元的芯片公司。

一个有趣的插曲是，2016 年，黄仁勋把全球第一台 AI 超算计算机 DGX-1 捐赠给了当时还名不见经传的 OpenAI。它的强大算力把

---

[1] 赵东山，《英伟达市值一夜暴涨 5000 亿，黄仁勋坐稳 AI 铁王座》。

[2] GPU 全称为 Graphic Processing Unit，译称图形处理单元，最早作为计算机显卡的核心芯片出现，专用于进行复杂图像数据的计算。随着该功能性需求的进化，GPU 逐渐成为计算机图形渲染、游戏图形处理领域不可或缺的角色。

OpenAI 的训练时间从一年缩短到一个月。在这台计算机的机箱上，黄仁勋写下了这样一句话："为了计算和人类的未来，我捐出世界上第一台 DGX-1。"这一推动英伟达市值暴涨的 AI 风口，正是从那时开始形成的。

从英伟达的成功，我们能看到黄仁勋作为企业家的洞察力以及对未来的精准预测，也能看到一个企业乘着时代的东风能飞多高。

如今，我们已经进入了一个新的时代——数字时代，数字化转型成了数字经济发展的主旋律。这意味着，任何一个企业都必须加快企业数字化转型，用好数据这个重要的生产要素。那些做不到的企业，那些拒绝数字化的企业，是没有未来的。

这也是从很多企业的失败案例中总结出来的深刻教训，比如曾经创造了百年基业却被时代抛弃的柯达。

2012 年 1 月，柯达正式宣布申请破产保护。这家诞生于 1880 年、拥有一百多年辉煌历史的公司，是胶卷时代的开创者，也曾是世界上最大的影像产品及相关服务的生产和供应商，以及当之无愧的影像巨头。但令人非常遗憾的是，这个时代巨人最终没能拥抱数字化的浪潮，沉重地倒了下去。

21 世纪初期，随着数字技术的快速发展，一场史无前例的数码风暴席卷了整个传统影像业，对传统影像业务的上下游产业造成了强烈的冲击。全球数码市场开始高速增长，而胶卷相机在市场上的占有率却以令人震惊的速度下滑。虽然柯达的管理者们从 1998 年开始就已经切身感受到了传统胶卷业务萎缩之痛,但是没有认识到数码技术的快速发展对产业将会带来怎样的影响,一直不敢大力发展数字业务,更未及时进行战略转型。2002 年柯达的产品数字化率只有 25% 左右,而其竞争对手富士胶片的数字化率已经达到了 60%。○

直到 2003 年,柯达的管理者才恍然醒悟过来,将发展重心从胶卷业务转到数码业务上。第二年,柯达推出了六款数码相机,并收购了大量的数字技术公司,然而,这些举措并不能帮助柯达挽回业务萎缩的颓势。作为数码时代的迟到者,柯达已无法与索尼、佳能、康尼等行业巨头们抗衡,只能在夹缝中艰难地维持着一线生机。到 2012 年,连年亏损的柯达走向了衰落。

数码影像技术推倒了柯达的商业帝国,然而戏剧化的是,其发明者正是柯达。事实上,在数码摄影方面,柯达一直拥有极强的技术实力。早在 1975 年,柯达的工程师就发明了世界上第一台数码相机,并将其用于航天领域。1991 年,柯达研发出专业级数码相机,像素数高达 130 万。1995 年,柯达发布首款傻瓜型数码相机,深受非专业摄影者的追捧。在柯达所拥有的超过 10 000 项专利中,有 1100 项与数码摄影有关,远超其他任何一个同行。"成也萧何,败也萧何",何其令人唏嘘。

其实,不只是柯达,诺基亚、黑莓(手机)等行业巨擘的黯然败

○ 李斐然. 垂死的柯达带走了胶片时代 [N]. 青年参考,2012-01-18(37).

退，都是因为没有拥抱商业大潮，没有及时进行数字化转型。

所有企业都渴望基业长青，但企业的生死存亡充满着不确定性。不过，有一点是可以确定的：时代会抛弃一切落伍者，只有能看清时代大势，把握时代脉搏，应时而动、顺势而为的企业，才不会成为时代的弃儿。正如张瑞敏所说：没有成功的企业，只有时代的企业。

过去，谈到企业发展时，我们通常会把企业分为传统企业和互联网企业。随着数字化的不断深入发展，未来所有企业都将是数字化企业，无论它处于哪个行业、经营哪些业务，是万亿级"巨无霸"还是小微企业。在数字时代，不能完成数字化转型的企业是没有生存空间的，就像马车无法与高铁竞争一样。

数字化 ≠ 信息化

当数字化转型不再是"要不要"，而是成为企业的一道必选题时，企业家们首先要建立数字化思维，要能正确理解数字化转型的本质。

对于数字化，这些年来各行各业都在讨论，我经常听到一种声音："数字化转型很难。"虽然很多企业管理者已经意识到了数字化转型这件事很重要，但一提起来就感觉非常模糊和迷茫，不知道这到底是什么、该从哪做起。我们常说"思维决定行动"，只有回归第一性原理，对数字化转型建立起清晰、准确的认知，才能拨开迷雾，走出迷茫，才能想清楚怎么做成、做好。

为此，我们先要厘清两个概念——信息化与数字化。我们往往把这两个概念混为一谈，导致数字化的一些概念变得很难理解。其实，信息化与数字化是截然不同的。我在中科大商学院讲授"企业数字化转型"实战课程时，第一节课讲的就是数字化与信息化的区别。江南造船集团董事长林鸥在与我交流时，也提出了类似的观点：数字化转型是一个业务问题，而不是信息技术问题。企业要进行的是数字化，不是信息化。

企业信息化的概念在20世纪60年代就被提出来了，可以说人们对这一概念的理解已经比较透彻了。信息论的创立者克劳德·艾尔伍德·香农（Claude Elwood Shannon）对信息进行了明确定义："信息是用来消除随机不确定性的东西。"诺伯特·维纳（Norbert Wiener）则在他的奠基性著作《控制论》中对信息进行了这样的阐述："信息是人们在适应外部世界并且使这种适应反作用于世界的过程中，同外部世界进行交换的内容和名称。信息就是信息，既不是物质也不是能量，但信息可转换为物质或能量。"随着信息技术的快速发展，以及互联网的日益普及，企业开始了信息化的进程——将物理世界的信息比如线下的业务流程迁移到线上，被计算机存储和识别，并通过各种IT系统（如OA系统、ERP系统、CRM系统等）对业务流程进行优化，然后固化、自动化并提供业务决策支持。

信息化提高了企业的效率，但并不改变现实业务的逻辑，即从思考模式上来说，大家在思考和运营业务时用的还是物理世界的思维方式。

在信息化过程中，信息系统的应用产生了一种独特的副产品，那就是数据。但在信息化时代，企业并没有认识到数据的重要作用，更没有采取手段对数据进行管理和加以利用。而这正是信息化与数字化的边界。简单来说，如果一个企业仍然把对数据的理解停留在信息的层面上，那它所进行的就只是信息化建设，而不是数字化转型。

真正的数字化是什么？它会改变传统的思维模式，把数据当成一种资产加以利用，不断挖掘企业长期积累下来的交易数据、用户数据、产品数据等各种数据的价值，并将其融入企业的经营管理，对企业的整个运作逻辑进行数学建模和迭代优化，反过来指导企业运行。这实际上是一个机器学习的过程，即让系统反复学习运营数据和模式，然后发现并改进不足之处。借用《华为行业数字化转型方法论白皮书（2019）》给出的定义，数字化是利用云计算、大数据、物联网、人工智能等新一代数字技术，构建一个全感知、全联接、全场景、全智能的数字世界，在实现数字世界对物理世界精准映射的基础上，优化再造物理世界的业务，对传统管理模式、业务模式、商业模式进行创新和重塑，实现业务成功。所以，我才会说数字化实际上是对技术范式的颠覆，而数据是数字化转型的核心要素。

以某银行为例，其总资产规模约为竞争对手的 1/4～1/3，但二者的市值差距却没有这么大，这主要是因为该银行积累了大量数据资产，尤其是针对高净值客户，拥有数千个场景应用。这些应用一方面积累了大量客户数据，另一方面演化为高净值服务产品。

由此可见，在数字时代，数据作为一种新型生产要素，已成为数字化和信息化的一道分水岭。正因为如此，到今天，我们已经不再强调信息化，而是提出了数字化的概念。

换一个角度来说，数字化取代信息化也是一种必然。一直以来，整个信息技术都处于不断被颠覆的状态，从简单的流程电子化处理，到企业基于结构化数据的流程智能化,到基于网络计算的网络化流程系统,到基于互联网的互联互通、打通上下游的系统,再到基于大数据管理的企业系统优化,新的技术总在颠覆旧的技术。伴随着计算体系架构从单一计算到网络计算再到云计算的演进,企业正在形成基于数据和现实的二元体系——数据体系和物理体系。而云的出现和数字技术的不断进步促使企业的两个体系更有效地连接和整合,这就为企业数字化的进化创造了条件。云原生和数字原生对复杂系统的解析与再造,也为企业数字化创造了前所未有的条件。

在这个基础上,数字化取代了信息化,因为信息化只是赋能的工具,而数字化却是把数据资产拿出来共享,企业的核心资产经过数字化可以实现共享开放,形成新的价值流通网络。

由此可见,从本质上来看,数字化是将数字技术不断地渗透进企业的业务流程乃至产业链的每一个环节,实现物理世界与数字世界的映射和交互,将"数据+算法"融入组织管理的全生命周期,形成一个闭环,帮助组织提高效率与效能。而其根本目的,是实现企业数据资产的不断累积,从而不断提升甚至重构企业的竞争力。

过去的企业变革,从今天的视角来看,不过是量变的积累。在数字时代,通过数字化转型,企业发生的是质的改变,可以上升到更高的维度,在市场竞争中实现降维打击。

这已经成为现实:在交通行业,网约车改变了传统的打车方式;在零售行业,直播带货成为新的购物模式,就连曾经颠覆传统线下零售业的京东、淘宝也受到了巨大冲击;在金融行业,银行通过构建一系列的数字平台,从一家金融服务企业转变为集金融服务、生活服务、出行服务于一体的金融生态平台企业；在最为传统的农业领域，也有企业通过对土壤、种子、气候的数据分析来进行高效化生产，最大限度地优化农业投入，提高产出效益。

在第二次工业革命爆发之前，人们无法理解电力技术的应用将会给世界带来怎样的改变。在信息革命之前，人们无法理解计算机、互联网将会如何深刻地影响人类社会。如今，数字化的潜能也是我们远远想象不到的，它所带来的变化也必然超出我们的预期。把握数字化带来的机遇，加速数字化转型，捕捉新的市场机会，尝试新的商业模式，在商业市场中提前占位，正是企业通往未来的路径。

CHAPTER 3 ▸ 第 3 章

数云融合驱动企业数字化转型

数字化转型的过程,是对商业模式和企业价值的重构,是企业竞争力——从把握客户需求到产品研发、从品牌打造到供应链管理、从内部管理决策到外部产业链互动等多种能力的提升。为了实现这些目标,我提出了数云融合的数字化转型战略。

数云融合的本质,是通过数据资产化与云原生化的双向赋能,构建"数据驱动 × 云化敏捷"的新型企业能力。一方面,企业运营全链条产生的海量数据经过治理、加工和激活,转化为可量化、可交易的数据资产;另一方面,云原生技术栈的弹性扩展和微服务架构,使这些数据资产能够快速转化为业务洞察和创新动能。这种动态循环推动企业从传统的流程驱动转向数据驱动,从封闭系统走向开放生态。

在实践层面,数云融合通过四大路径重构企业竞争力:资产数据化打通价值转化通道,产业数联构建生态协同网络,决策数智化提升运营效能,企业无边界化释放创新活力。这四者相互促进,形成数字化转型的闭环体系。

九层之台,起于累土。在数字化转型的过程中,企业唯有循序渐进,运用行之有效的转型方法论,不断地进行自我升级,才能真正在数字经济发展中获得发展机遇,成为适应数字社会的数字化企业。

数云融合打造数字化新引擎

数字化转型是企业战略

对企业来说,在数字时代,数字化转型是唯一的出路。但是,尽管"不转型就会死"已经成为很多企业的共识,但仍有很多企业对"如何转型"非常迷茫,不能找到明确的方向。

怎么才能做好数字化转型?我认为,这首先需要我们把数字化转型作为企业战略予以高度重视并贯彻实施。数字化转型远不是拥抱并应用数字技术那么简单,也不仅仅是设备和系统的数字化改造,而是从内到外的全面转型,需要的是公司上下达成战略共识并全力以赴。

为什么要从企业战略的高度去理解数字化转型呢?我们先来谈谈什么是企业战略。我在《时间的力量》一书中对"战略"进行过探讨,我认为,战略事关企业的资源分配以及发展目标,是为了实现更多盈利、获得长期生存和发展,而在对外部环境和内部条件进行详尽而科学的分析的基础之上,对企业的发展目标及实现途径所做的一种全局性规划。从根本上来说,战略的目的是帮助企业放大竞争力,获得长久的竞争优势。而数字化转型不仅具备战略的几个要素,同时也有着同样的根本目的，所以我们说数字化转型是企业战略。

从企业发展的角度来看，我们也必须把数字化转型当成企业战略。在第 2 章中，我谈到了熊彼特关于创新的观点，他认为，创新就是要"建立一种新的生产函数"，即"生产要素的重新组合"，就是要把一种从来没有的关于生产要素和生产条件的"新组合"引入生产体系。熊彼特还进一步指出，创新有五种形式：引入一种新产品；采用一种新的生产方式；开辟一个新市场；获得一种原料或半成品的新的供给来源；实行一种新的企业组织形式。后来，人们把他的观点归纳为五种创新，分别是产品创新、技术创新、市场创新、资源配置创新和组织创新。借助于熊彼特对创新的认知，我们就可以理解数字化转型对企业的战略意义。通过数字化转型，企业将数据这种生产要素引入自身的业务架构、管理架构、技术架构，以及价值链的每一个流程、每一个环节，由此可以产生各种各样的"新组合"，让企业不断地实现产品创新、技术创新、市场创新、资源配置创新和组织创新。

正因为如此，企业不应只把关注点放在数字技术的应用与变革上，更要放在思维方式的转变和企业数字文化的构建上，以重新获得创新基因。我们应充分认识到，数字化为新的商业模式和消费模式的诞生提供了源头活水，为企业进行生产、销售、服务、创新、管理提供了新的途径，促使企业的生产方式、组织架构和商业模式发生深刻变革。在工业时代，我们看一个企业的实力有多强，看的是它的规模，因为企业越大，劳动力、资金、资源就越多，就越有可能生产更多的产品，在更大的范围内分发销售，以及对业务合作伙伴和用户发挥更大的影响力。到了数字时代，对企业来说，规模已不再是一个显著的优势，更重要的是思维方式的转变甚至颠覆，以及在多大程度上利用数字化工具来放大员工的能力，并从数字化角度来分析和挖掘企业发展的新模式、新价值、新商机，来驱动效率提升、产品增值、流程再造、生态构建等。

认识到数字化转型是企业战略，我们才能围绕企业的总体发展战略并根据企业的特点和需求制定科学有效的数字化转型战略，明确数字化转型的目标、路径与举措，将数字化思维渗透到企业经营的根须脉络之中，使数字化机制根植于企业的发展战略全局，推动企业业务流程、管理机制、组织逻辑以及技术创新体系的变革，全面提升企业的可持续发展能力。

在制定数字化转型战略时，尤其需要注意的是：战略需要以初心和能力为出发点，以时代的发展趋势为锚定点。怎么理解这句话呢？简单来说，初心就是"我想做什么"，能力就是"我能做什么"，而时代的发展趋势则是"我必须要做什么"。企业的数字化转型战略只有同时涵盖这三方面要素，才能引领企业走在正确的道路上，并且真正落地。

当然，更重要的是，数字化转型战略要有明确的战略目标。企业家只有把旗帜高高地举起来，让企业上下都知道要向哪里冲锋，才能将各方力量充分调动起来，才能使企业的资源得到最佳配置。对于这个问题，很多企业都有自己的认识，比如，麦肯锡提出了数字化转型的"一个目标"，即捕获增长、提升价值，其所有数字技术的应用和落实都是围绕这个目标展开的。华为的数字化转型目标则更为具体：对内，各业务领域数字化、服务化，打通跨领域的信息断点，达到领先于行业的运营效率水平；对外，实现与客户做生意更简单、更高效、更安全的成效，提升客户满意度。

在我看来，企业的数字化转型最重要、最根本的目的在于不断地生产和生成系统数据、另类数据、AIGC，为企业积累更多的数据资产，同时利用数据资产进行产品/服务的重新编排，从而实现业务创新，这两者相辅相成、互相促进，最终形成企业的增长飞轮，使企业获得源源不断的发展动能，如图 3-1 所示。

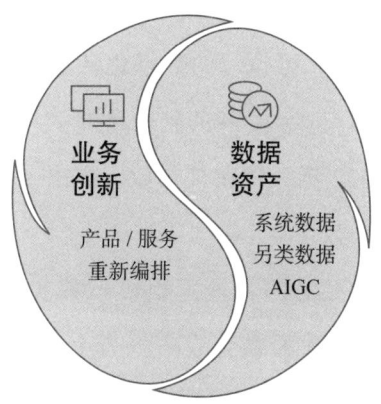

图 3-1　业务创新与数据资产相互作用形成的增长飞轮

在当今这个时代，谁能成为未来的行业领导者，谁更具竞争力，关键在于数据资产的累积。企业的数字化转型战略只有将这一目标贯穿始终，才能引领企业走向更远的未来。

数云融合：数字化转型的全新战略

数字化转型是每个企业都必须面对的时代命题，对于这个命题，不同的企业给出了不同的答案，神州数码也一直在进行着自己的探索与实践。

在过去 20 多年的发展历程中，神州数码为中国各行各业提供了多样化的信息化服务，从传统的数据网络，到今天的云、数据模型、人工智能以及超算中心，丰富的解决方案从各个维度满足了客户的需求。可以说，在数字化转型方面，神州数码积累了一些经验和心得。我一直有一个想法，就是对神州数码在数字化转型实践中积累的这些经验和心得以及其他国内外企业进行数字化转型的经验教训进行总结，形成一套系统化的、可执行的数字化转型体系，并将它分享给那些困惑的企业管理者，以与更多企业一起携手共创数字化未来。在这一初心的驱动下，2022 年，我在神州数码提出了数云融合的数字化转型战略。

数云融合是数字经济的特征。相较于数实融合等概念，以数据为核心、价值为驱动的数云融合战略将为企业提供泛在的敏捷 IT 能力和融合的数据驱动能力，构建跨界融合创新的数字业务场景和新业务模式，助力企业级客户建立面向未来的核心能力和竞争优势，全面推动社会的数字化、智能化转型升级。图 3-2 就是数云融合战略全景图。

数云融合战略最核心的部分，是由业务创新与数据资产相互作用形成的增长飞轮。整个数字化过程，其实就是知识和经验"可计算化的过程"。我们在服务企业的过程中发现，几乎所有企业的追求都是业务的快速推出或者快速迭代，这是企业最根本的追求。比如银行希望不断推出新的资金管理品种，不断吸引更多的客户，不断优化业务流程，使客户在服务流程中更方便。这些才是银行最根本的追求，而不是数据。但是，要实现这样的转变，必须进行业务的数字化，即要完成数字业务化的过程。数据是业务的反映，是业务的另一种呈现形式。如何实现数据的快速组合以满足客户需求？这就需要通过数据资产的不断叠加与重构创新业务，并助力新业务快速落地。当这两者形成良性循环时，企业就拥有了一个增长飞轮，企业的可持续发展也就有了保障。

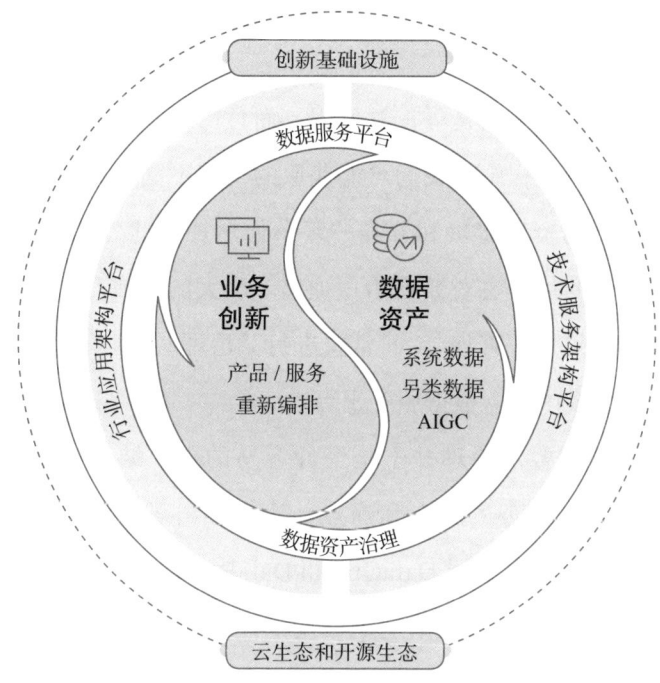

图 3-2　数云融合战略全景图

在拥有了数据资产之后，我们应该如何对数据资产进行管理呢？在数云融合的数字化转型战略中，这是一个新课题，也是一个必须认真回答的课题，因为数据资产的管理和应用决定了企业数字化转型的深度和广度。因此，数云融合战略的第二层是数据服务平台，它主要承担的是数据资产治理。

基于符号或信息的传统数据管理方式，在编写代码时往往非常复杂。关系型数据库的发明极大地提升了编写代码的效率。但是，当我们面对一个主体或者对象时，关系型数据库依然不够，这就出现了面向对象的数据库，也有人把它称作分析型数据库。当大规模的分析型数据库又不够用时，数据仓库技术应运而生。

今天，数据不仅仅是符号和信息，它已经变成了一种资产。数据同传统商品的最大不同是可重复使用，而且每一次使用都会产生新的价值。在使用的过程中，我们可能获取的价值不同、支付的价格也不同，这导致数据资产定价和分类的复杂性增加。此外，生成式 AI 对数据资产累积的加速也对数据治理提出了巨大的挑战。于是，企业对数据资产不能只是"管理"，而是要进行"治理"，这就需要我们在企业的数字化体系中建立数据服务平台。

当然，数据资产治理并不是一件容易的事。结合数据资产的关键特性，针对其治理的难点和痛点，我们推出了"六合上甲"数据资产平台。六合上甲基于 DataOps 和 DataFabric 理念，融入了 AI 技术，是一站式的智能大数据全生命周期研发平台。用户只需借助这一个平台，就可以完成数据的采集、开发、治理、分析、分享等全链路数智场景操作。这个能持续不断地把数据变成资产并服务于业务的平台，可以帮助企业实现不同数据资产价值体系的整合，最终实现对数据资产的有效管理，推动企业以数据资产为核心的数字化转型和创新。

拥有数据服务平台后，企业可以快速创新服务。在云架构下，我们为企业提供了应用基础架构，即aPaaS⊖。这个架构可以被看作基于应用的工具箱，通过提供一系列专业能力和工具帮助企业进行产品与服务的重新编排，为不同行业的企业注入它们所需要的数字化创新能力，帮助它们更好地理解并满足用户需求，提升数据质量，保障数据安全，深入挖掘企业现有的数据资源，从而实现数据资产的价值。

aPaaS的最显著的特点在于其能够基于行业的使用场景，对不同行业的业务能力进行分解和重建。以银行业为例，银行的基本功能是存款、贷款和汇款，过去银行为了实现这些功能，要构建核心业务系统，但如今在金融行业业务变革的驱动下，银行对系统的要求发生了改变。比如，2022年初，相关监管文件对金融行业提出数字化中台建设要求，银行的很多业务和技术功能被分解成不同的工具组件，便于更高效利用或者重组，以支持业务模式、经营模式方面的创新。随着理念和业务模式的转变，银行对云的需求越来越强烈。而随着数字化转型的推进，云已不再是简单的技术部署，而是转变为通过云的方式实现对银行敏态业务的有效支持。为了应对银行业的需求变化，神州信息研发了"九天揽月"云原生金融PaaS平台，它可以把银行的各个功能制作成API和小程序，使银行业务人员像做PPT一样，可

⊖ aPaaS即应用程序平台即服务（Application Platform as a Service），是基于PaaS（平台即服务）的一种解决方案，支持应用程序在云端的开发、部署和运行，为用户提供软件开发所需的基础工具，包括数据对象、权限管理、用户界面等。简单来说就是一种云服务，为软件应用程序的开发和运行创造环境。

以基于业务创新的语言和文字描述完成业务创新过程。基于 AI 技术，它甚至还可以通过语音输入的方式自动生成创新产品和创新服务。这极大地推动了银行业的架构演进和数据资产的转化。

再以运营商为例，过去运营商为客户提供的是通信平台，而现在提供的则是云平台甚至是应用平台。为了使运营商更好地服务于其客户，神州数码推出了"磐云"云原生 PaaS 平台。针对不同的行业、不同的企业，神州数码还会继续研发各种工具和平台，探索不同应用场景下的数字化转型策略。

为了支撑这些工具和平台，神州数码还为企业提供了通用工具箱（GPaaS⊖），通用工具箱包括了几乎所有企业在数字化转型的过程中都会用到的关键技术和通用 PaaS 类服务。企业利用这些通用工具，就能更好地完成重新编排，实现快速创新。

数云融合战略的第三层，即创新基础设施（IaaS⊖）统一纳管各种算力资源。针对创新基础设施，神州数码一直以来致力于打造两个生态——云生态和开源生态。任何一个企业的资源都是有限的，很难完全依靠自身的力量实现转型，因此，生态建设至关重要。在数字时代，生态的作用更加明显。在数字化转型过程中，以云生态与开源生态作为根基，通过高效的生态协同，企业才能持续获得充足的资源来实现战略目标。

⊖ GPaaS 即基础平台即服务（General Platform as a Service），包含企业数字化所需的关键技术支撑和通用 PaaS 类服务，旨在帮助企业构建高效稳定的技术中台。

⊖ IaaS 即基础设施即服务（Infrastructure as a Service），是指提供给消费者的服务是对各类设施的利用，包括处理、存储、网络服务和其他基本的计算资源。基于 IaaS，用户能够部署和运行任意软件，包括操作系统和应用程序。

数云融合战略是一个拥有复杂系统体系，甚至带有生命体现象的全新体系架构，它以业务创新与数据资产共同组成的增长飞轮为起点，又通过数据服务平台、数据资产治理、行业应用架构平台、技术服务架构平台的协同运作，最终演化成为推动企业指数级成长的增强型增长飞轮。

在这个战略中，基于泛在敏捷业务创新能力的数据资产化是完成数字化转型的核心。而 AI 大模型的出现，使得知识发现与内容生成的飞轮加速转动，成为引爆数字原生最重要的一个技术奇点。在底层架构方面，数云原生平台打破传统的技术范式，以数据驱动企业数字化进入数据和知识涌现的新时期。

我常把战略比作一个剧本，它不仅仅是对目标，更是对所有情形的描述。如果不能对这些情形进行描述，那么这个目标有可能就是空中楼阁，就是墙上挂着的一幅画。我们用"Onepage"（一页）清晰地描述数云融合战略，就是为了让战略从口号变成可以执行的路线图，促进战略共识的达成，使战略真正落地。任何一个企业都应该用"Onepage"来检视一下自己的数字化转型战略。

利用这个战略，我们能游刃有余地完成一个企业的颠覆和再创造。

举一个例子，江南造船集团是中国最大的造船企业之一，从传统意义上来说，它就是一个制造企业，而在数字时代，它要改变自己的定位，变成集成商和供应链管理商。那么，它的数字化转型战略，就是把整个船体各个零部件的设计以及与客户的沟通过程转化成数据资产，从数字孪生变成数字原生，形成从建造到集成管理和供应链管理的转变。图 3-3 就是利用数云融合战略设计的未来造船企业的数字化转型蓝图。

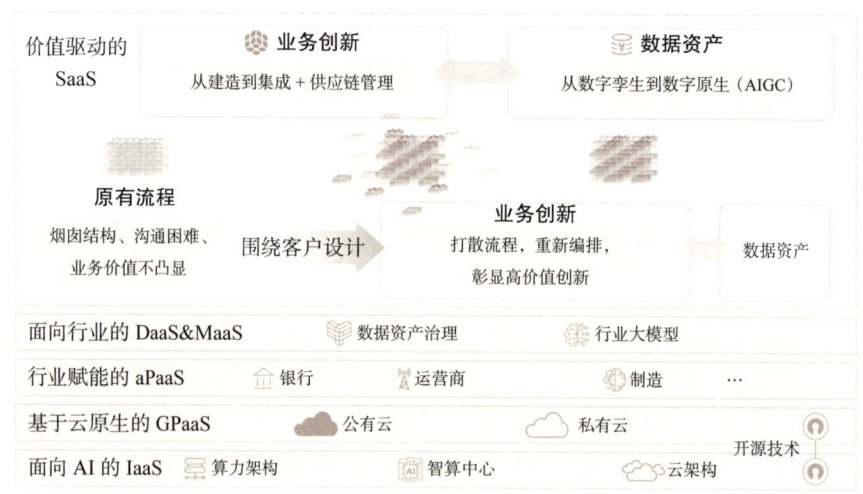

图 3-3　未来造船企业的数字化转型蓝图

另一个例子是银行的数云融合转型。

银行是金融体系的压舱石，银行的数字化转型是金融能够更好地服务实体经济发展、助力中国式现代化建设的必然要求。同时，银行的数字化转型也是银行重塑核心竞争力、适应新时代、打开全新发展空间、实现资产规模和市值规模扩张的必由之路。

从雏形的诞生到现代的蓬勃发展，作为信用中介，银行的核心价值始终是推动资产货币化，进而加速信用跨越时间、空间流转，激发经济活力，服务经济增长。资产通过货币化实现流转和增值是经济发展的重要特征。中国人民银行金融统计数据显示，1980 年中国 M2 总量（货币在一段时间内流通的总量）仅有 0.18 万亿元，而 2024 年已达 313.53 万亿元，这是经济增长的最直观体现。未来，随着实体经济数字化进程的深入，企业数据资产规模将逐渐增长，经济体内部的资产总量也会随之增加，数据资产的货币化将打开增长的新空间、创造新模式。

银行作为重要的资产管理机构，如果能深入实体经济的数据场景进行数据资产管理服务，将会极大地拓展银行资产管理规模，打开十倍甚至百倍的增长空间。数字经济为银行业的爆炸式增长创造了契机，也对银行的数字化能力提出了挑战。

对银行的数字化转型，我有很多思考，神州数码在实践过程中也积攒了丰厚的实践经验。在数云融合战略下，银行的数字化转型主要包括两方面重点工作。

第一，提升对数字化的认知。数字化不是信息化，必须意识到数字经济、数字文明是对传统工业经济和工业文明的颠覆，必须基于数字化的新思维去做好数字化转型工作。

第二，数字化转型路径可归纳为"定战略、夯基础、搭体系、育人才"。

"定战略"是指制定以数据资产积累为核心的发展战略。要尽快实现核心能力的数字化并完成数据资产积累，建设数据中台，突出数据在转型中的核心地位，推动生产力实现质变。

"夯基础"是指构建"数云融合"的技术体系和基础设施。如今，云已成为主流技术架构的基础，银行可构建双模过渡的技术方案：一方面保护过去的投入；另一方面尽快向云基础设施迁移，同时结合自身能力构建多云管理平台，保证安全性和可靠性。

"搭体系"是指构建基于数据资产的业务创新体系，从业务数字化走向数据业务化。场景金融就是数据业务化的重要模式，通过产业场景中某些环节或主体链条的数据化，进而与银行数据能力相融合，形成可被识别、评估以及进行风险控制的数据资产，从而实现金融服务的普惠化。

"育人才"是指提升员工的数字能力，打破转型瓶颈。员工是数字能力得以充分发挥的执行者。一方面技术部门要提供无代码、低代码、智能化的工具；另一方面业务人员要主动提升数字化认知和数据化思维能力，掌握一定的数字化技能，只有这样才能充分发挥业务部门在数字化转型中的创新作用和牵引作用。

2023 年 2 月，中共中央 国务院印发了《数字中国建设整体布局规划》，明确了数字中国建设按照"2522"的整体框架进行布局，即夯实数字基础设施和数据资源体系"两大基础"，推进数字技术与经济、政治、文化、社会、生态文明建设"五位一体"深度融合，强化数字技术创新体系和数字安全屏障"两大能力"，优化数字化发展国内国际"两个环境"。而数云融合战略正是为推动"数字中国"的建设而生，它是探究企业数字化转型路径的思路和方法论，未来也将成为重构企业价值、推动新经济发展的新引擎。

构建数字化转型的成功路径

一个企业的基业长青，离不开战略的指引与驱动，但战略必须落地才能产生价值，不能被执行的战略都是口号。很多企业缺的不是战略,而是系统性的执行,没有执行,战略归零。正因为如此,数云融合战略不仅仅是一个战略规划,更是从顶层设计到落地实施的一整套商业流程的数字化改造,包括资产数据化、产业数联、决策数智化和企业无边界化,如图3-4所示。

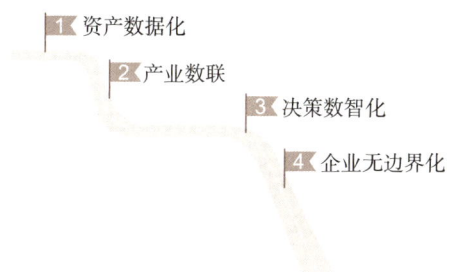

图 3-4　企业数字化转型的具体路径

资产数据化是数云融合战略的核心,也是企业数字化转型的关键。资产数据化是企业一切数字化、智能化的前提条件。企业资产数据化将会无限放大企业的核心竞争力,并通过数据资产流通形成新的价值网络,让企业在资产数据化的过程中提高创新能力,形成数据资产生态。

产业数联是价值网络的进一步蝶变。资产数据化带来了客户需求、技术研发、商业模式、资产管理等多方面的变化,并由此催生了价值网络变革。产业数联则帮助企业整合内外部资源,快速应对前端业务变化、响应市场需求,高效进行产业链协同,极大地提升企业的发展速度。

决策数智化是对决策的赋能。数字时代的智能化决策应是数据支撑下的高效决策乃至自动化决策。决策数智化最大的意义在于通过连接数据、分析数据等为企业管理者提供决策支撑，大幅提升运营决策精度和决策效率，使人的天然禀赋最大化。在算法和数据的支持下，伴随着数字文明的成熟，决策数智化的价值将越发凸显。

企业无边界化推动企业向平台化转型。在传统产业模式下，企业的规模边界受制于物理条件，而数字时代，价值网络的扩展正在持续重构企业边界。依托数字化基础设施，企业能够突破传统限制，充分释放发展潜能，最终进化为开放、共享的平台型组织。

数云融合战略为我们绘制了一幅全新的数字化图景，指引着企业奔向数字文明，而资产数据化、产业数联、决策数智化、企业无边界化的路径规划则为企业提供了一张清晰可行的路线图，只要企业沿着这条路径一步一个脚印地走下去，就能重构自己的价值，将灿烂的图景变为现实，真正成为"时代的企业"。

一切资产都可数据化

以资产数据化赋能资产

我们常说"未来已来"，但现实是，现在有很多企业所处的发展阶段是"过去未去，未来已来"，它们受到了两面夹击，即一方面企业有很多传统的甚至过时的业务，另一方面不得不承受新技术、新事物带来的冲击，因此，迫切地希望通过数字化转型来破局，使企业在竞争日益激烈的市场环境中获得核心竞争力和可持续增长能力。但要实现企业数字化转型，关键在于资产数据化。

资产数据化是企业数字化转型的核心内容，尤其是近年来 AI 大模型的出现，使数据生成的飞轮加速转动，企业资产数据化的紧迫性也由此变得越发显著。

什么是资产数据化？就是将物理世界中的实体资产转化为数字形式，映射至虚拟世界，转变为数据资产。

资产数据化并没有使资产价值的原有实现形式发生变化，它的存在依赖于物理世界的既有资产。将实体企业基于真实交易产生的各类资产映射到虚拟世界之后，信用关系的存在形式发生了转变，但资产的内在价值和使用价值仍然保持不变。而由于实现了实体资产与数据资产的一对一锚定，数据资产在虚拟世界流通时也具备在线下流通时的各种属性，比如流转、权属等，而价值交换过程得到了改善，交易更加便利。

通过资产数据化，资产管理也变得更加智能化、高效化、精益化。资产数据化后，资产管理的各个环节被打通，管理者可以实时掌握资产动态信息，实现资产全生命周期的管理和精细化经营，资产运用、监管的安全性、针对性、及时性和有效性都得到了大幅度提升，企业在存量时代可以拥有更大的竞争优势。

江南造船集团林鸥董事长讲过江南造船集团在资产数据化方面的探索和实践，这让我看到了一个企业数字化转型的范本。

众所周知，造船业是一个拥有数世纪历史的古老行业。

传统的造船工艺非常繁复，涉及很多环节，各个环节之间的沟通与协作非常困难。比如，在设计阶段，设计师运用三维建模形成设计方案，然而，给到船厂的却是平面图纸。开工前，船厂根据图纸进行生产设计，规划"如何造船"以及"如何组织造船"，在这个过程中，二维的平面设计图又转变为三维模型。最后，到了生产一线，还需要再进行一次"三（维）转二（维）"的转换，因为工人是按照图纸来进行施工的。不仅生产制造环节如此，在交付新船时，向客户提供的通常也是纸质的平面设计说明书，哪怕多得能装满一辆卡车。

从三维到二维再到三维的不断切换，从本质上来说是用低效的手段、高额的成本将烦琐而复杂的造船产业链串联起来。这不仅降低了造船效率，增加了很多重复劳动，还导致设计、生产、售后等各个环节因为沟通不畅、"语言"不统一而难以实现数据的贯通和赋能。

痛定思痛，江南造船集团决定彻底改变这种低效的方式，推进基于"单一数字模型"的数字化造船，也就是在一个平台、一个系统里打造数字化造船的底座，实现人、流程、信息的高度耦合。

2019年，江南造船集团制造的"海巡160"大型航标船，成为世界上第一艘无纸化建造的大型钢质船舶。这艘船从设计到建造都是立足于同一个数字化平台和底座，前一个环节的任何变化都会即时反馈到后一个环节，成为后一个环节再加工的基础。一环扣一环，一个步骤接一个步骤，在一个数字模型上,所有参与造船的人都在为其添砖加瓦,真正实现了边设计、边建造、边体验。而到了制造环节,数字平台可以方便地给出三维的"数字化图纸",让工人能通过车间中带有触摸大屏的智能终端进行查看,这使得制造过程更高效、更规范。

通过数字化造船,江南造船集团不但缩短了各环节信息传递和技术沟通的时间,降低了运营成本,还实现了产业链上下游的互联互通,与合作伙伴的共赢。在这个过程中,江南造船集团还积累了丰富的数据资产。

作为中国船舶工业的龙头企业,江南造船集团在数字化方面的持续投入和不断创新,可以说是在代表行业、代表整个制造业摸索合适的数字化转型模式。对于那些其他同样希望通过数字化实现再造的传统制造企业,江南造船集团是一个值得学习的标杆。

江南造船集团的数字化造船让我看到了资产数据化对商业模式的重构,它能够全方位、多层次地解决企业运行各环节的问题,同时满足企业在生产制造、市场拓展、品牌打造等多方面的核心需求,从而实现良性循环。

比如,在生产销售环节,通过资产数据化,企业可以提前销售与实物一对一锚定的数据资产,从而将用户锁定,以产定销,降低生产成本。

在运营管理环节,资产数据化使成本大幅度降低,跨部门沟通也不再成为难题。

在品牌构建环节，借助区块链"公开、透明、可追溯"的特性，企业的信用级别和影响力会大大提高，品牌美誉度也会因此提高。

在资金流管理环节，消费者可以预先购买相应的数据资产，这使企业得以提前回笼资金，加速资金流转，从而有更充足的资金投入到再生产中。

在资产掌控环节，企业可以真正实现资产由自己掌管，而不必依赖第三方。

这或许是资产数据化的最大价值：通过重构商业模式，有效地解决企业整体的结构性和系统性问题，帮助企业摆脱恶性循环，实现良性循环发展。

实现良性循环发展的企业可以创造新的客户体验、新的价值、新的生态，因此，率先实现资产数据化的企业有可能成为新物种，淘汰那些传统的、故步自封的企业。这种进化是非常残酷的，也是无法阻挡的。

从"学不会"到"学得会"

在企业的所有资产中，最应该被数字化的是核心资产。

有本畅销多年的书叫《海底捞你学不会》，说的就是海底捞的核心竞争力。现在我们也可以说，企业的核心资产就是其他企业学不会、抢不走、买不到的部分。它可能是物质资产，也可能是精神资产，它能为企业创造持续性的竞争优势，使企业形成稳定的市场开拓、产品开发和赢利的能力以及先进有效的运行机制，是企业所有资产中最值钱、最宝贵的。

客户为什么选择你的企业而不是其他企业？就是因为你的核心资产是其他企业所不具备的。只有将企业的核心资产数据化，企业的资产数据化才能真正实现。

我们之所以将核心资产数据化，恰恰是为了让别人"学得会"。因为资产只有流通起来，实现共享，才能发挥最大效能。

流通，是现代经济发展的首要条件，流通创造价值。纵观人类文明发展史，自石器时代开始，流通就伴随而生。从无到有、从陆地到海洋、从天空到太空，我们脚下的路始终在为流通而生。无论是贯通东西的丝绸之路，还是跨越时差的航路，以及无处不在的网络，都在创造各种各样的连接，促进流通，推动经济的发展。在数字时代，流通同样非常重要，是构建新的价值网络的重中之重。

近些年来火热的美团、滴滴，都离不开资产流通与共享。而让资产流通最快捷的方式毫无疑问就是资产数据化。资产数据化可以促进资产不断流通，实现裂变式发展。而企业将核心资产拿出来共享，这些核心资产经过数字化实现开放、共享，就会形成新的价值流通网络。

亚马逊为什么能崛起？因为其将核心资产数据化，并通过以共享为前提的输出形成了新的价值流通网络。

> 2002年，蒂姆·奥莱利（Tim O'Reilly）走进了亚马逊总裁贝佐斯的办公室，这次简短的会面改变了亚马逊的命运，也改变了人类对数据和资产的认知。

蒂姆·奥莱利是互联网的先驱，2002年他提出并推广了Web 2.0的概念。他认为亚马逊是一个过于孤立的网站，想寻求与亚马逊的合作，希望亚马逊能公开图书的销售数据，让出版商们能跟踪到人们买书的趋势并由此决定以后出版什么。但当时贝佐斯并没有意识到数据是亚马逊的核心资产，更没有看到向外提供这样的数据服务对亚马逊有什么好处，所以对这个提议，他一开始没有给予足够的重视。

但紧接着，奥莱利向贝佐斯展示了他们开发的一个复杂的工具——Amarank，这个工具可以使奥莱利每隔几个小时就在亚马逊网站上抓取到自己公司出版的图书及竞争对手的图书排名。以我们现在的视角来看，这样的爬虫工具并不难写，然而，在2002年，这样的数据抓取只能用屏幕抓取的原始技术来完成。奥莱利建议贝佐斯开发一系列被称为应用程序编程接口或者API的在线工具，这样第三方就可以很容易地获取到产品的价格和销售排行等数据。

贝佐斯最终被说服了。他带着网络开放的新观念，在内部宣扬公司应该做开发者也能使用的工具，"让他们给我们带来惊喜"。当年春天，亚马逊还举办了第一次开发者大会，邀请到了当时很多重量级IT人士，大会取得了圆满成功。会上，亚马逊还发布了自己的API接口，并给这个服务取了个名字——亚马逊网络服务（Amazon Web Services，AWS），这项服务正是亚马逊的云计算服务。

在核心资产数据化这条路上，亚马逊一直在探索。比如，亚马逊在品牌备案的账号上增加了"Amazon Attribution"的功能，简化了卖家通过谷歌或者 YouTube 广告推广亚马逊产品、判断广告效果的过程。以往，卖家都是采用三次漏斗的方法检验和判断某一组广告应该继续投放还是放弃。有了"Amazon Attribution"这个功能后，卖家可以直接利用特殊链接投放广告并获得数据，进而重新布局各个平台的广告活动。卖家利用这个功能可以跟踪除亚马逊平台外发生的一切销售活动记录，以便随时监测页面流量、点击量和销售等情况。

亚马逊很好地挖掘了数字化资产的价值。亚马逊的核心资产正是它的海量数据，而通过 AWS 云平台，亚马逊将这些数据开放出来供合作伙伴使用，使其逐渐变成生意的一部分，并由此开启了品牌化道路。

核心资产数据化为亚马逊带来了巨大的收益。2024 年亚马逊集团的年销售额达到 6380 亿美元，而仅 AWS 云计算业务的年销售额就达到 1076 亿美元，为整个集团的增长做出了巨大贡献。这也是为什么贝佐斯对外界宣称亚马逊不是一家电商公司，而是一家以技术驱动的高科技公司。

利用核心资产数据化来实现数字化转型的还有华尔街知名投行高盛。

高盛一直是全球最赚钱的交易机构之一，多年来，高盛的交易员凭借一款神秘的交易利器，每年为公司赚取10亿美元利润，且能够避免数十亿美元的亏损。这款神秘的赚钱利器就是高盛的自营交易引擎SecDB。SecDB是一个数据库平台，它不仅使高盛的交易员成为华尔街最聪明的交易员，还帮助高盛比竞争对手更好地度过了2008年的金融危机。

随着数字技术的发展，高盛决定进行数字化转型，它的一项重要举措就是开源曾经被严格保密的技术。高盛开放了数百个API，允许用户直接与SecDB的新web应用Marquee进行交互，包括数据提取、调用定价引擎以及其他功能。这使得用户可以利用高盛的历史数据来判断一个交易策略是否真正能够赚到钱，并组装定制一揽子证券以对冲其投资组合。大部分API将通过开发者合作网站GitHub提供。除此之外，高盛每年还提供10万美元的资金，资助工程师开发使用其代码构建的应用，但高盛将拥有由此产生的知识产权。这使高盛从封闭走向开放，也使高盛的核心资产从私有变为公有，不仅在企业内部产生价值，还在企业外部实现了共享。而这些数据资产的流通为高盛带来了更大的价值。

高盛的竞争对手也看到了将核心资产数据化的巨大好处，开始了这方面的探索，比如摩根大通开始允许客户使用"雅典娜"的一些功能。"雅典娜"是摩根大通的交易引擎，也是由20世纪90年代设计SecDB的一些工程师设计的。

将企业核心资产数据化，可以有效地促使资产流动起来、融合起来，使数据的开放、共享和交易成为现实，让数据资产充分发挥其作用。

建立共享而不是独占的数据资产，是企业数字化转型的重要标志。而这种共享也会反哺企业，让企业在资产数据化的过程中提高创新能力，获得更强的核心竞争力。

产业数联，共生共赢

产业数联使产业链共繁荣

资产数据化带来了客户需求、技术研发、商业模式、资产管理等多方面的改变，并由此催生了价值网络的变革。为了适应新的价值网络、扩大自己的价值空间，企业内外部的连接、协同与组织的方式都必须发生根本性变化。其中，企业外部组织方式的变化体现为产业数联。

随着数字技术的发展，我们已经进入移动互联的社交化时代。所谓社交化，是指随着社交网络、社交媒体、社交营销等的迅速兴起，基于网络的社交行为已经深深植根于人类的一切活动之中，它深刻地改变着人们的生产关系、生活方式，以及企业发展、产业发展。

基于数据的打通，企业实现了组织的社交化与网络化，这使企业中的每个人都能更有效地与他人联系并分享资源、信息、技能和知识,也使企业能够与客户、产业链上下游的合作伙伴以及其他利益相关者进行连接与沟通。比如,企业可以利用社交化服务平台建立起企业、客户及终端消费者的数字化互动生态,及时获取客户的数据和反馈,从而更好地指导产品的设计。如果没有和客户互动的社区、数据、生态反馈,那么企业的产品设计就是"盲人摸象",而有了客户数据的运营分析,产品设计就能做到真正"有的放矢"。

这种基于数字化的企业外部组织方式带来了产业数联的协同效应,使企业与外部各个共生伙伴的合作方式从原来的线性、树状的平面结构转化为网状的立体结构,共享和互动变得非常容易,由此推动了产业链的重构与价值提升。

以江南造船集团为例,过去,传统的船舶设计过程通常是先完成合同设计、基础设计,然后再进行详细设计、生产设计及制造。产业上下游之间采用的是串行模式,周期长、协调困难,而且一旦出现问题就会牵一发而动全身。而通过数字化改造实现产业数联后,设计院、设备企业、船东等上下游单位都融入了船舶的设计过程,这样,江南造船集团在最早期的合同设计、基础设计阶段就能对生产设计的相关工作进行筹划,大大减少了设计过程中频繁出现的协同困难,使整个设计、制造流程更加高效。

产业数联的另一个经典案例是罗尔斯·罗伊斯公司。罗尔斯·罗伊斯公司卖发动机产品给航空公司,但航行数据掌握在航空公司手中,没有这些数据,发动机产品很难实现改进。为此,罗尔斯·罗伊斯公司将自己定位为"客户运营商"或"客户数据运营商",利用数字化手段来获得客户数据,借航空公司客户的数据来完善发动机产品，为航空公司客户提供更好的产品，使双方受益。

罗尔斯·罗伊斯公司从航空公司客户那里收集实时发动机数据，在"云"中模拟其性能，目的是减少飞机不必要的维护和计划外停飞时间。为了处理大量数据，罗尔斯·罗伊斯公司专门创建了一个新平台，这个平台可以在征得航空公司客户的同意后，将相关数据输入到微软公司的 Azure 数据云中，然后将其转换到 Databricks 公司的 Lakehouse 平台，并使用 Databricks 公司提供的机器学习和 AI 工具进行分析。这为航班延误和取消率的显著改善提供了支撑，飞机调度的可靠性也因此得到提升，最终受益的是航空公司客户。

通过产业数联，罗尔斯·罗伊斯公司打通了自己与航空公司客户之间的连接通道，将发动机的制造和服务与航空公司客户的感受连接在一起，不断完善自己的产品和服务，由此获得了越来越多的商业机会。

产业数联打造了产业链协同的生态体系，并且通过三个要素为企业赋能，如图 3-5 所示。

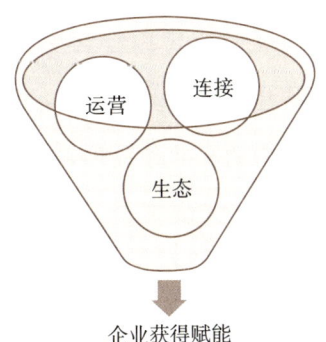

图 3-5　产业数联通过三个要素为企业赋能

要素 1：连接

企业通过互联网实现了更为广泛的商业连接，这种连接不再局限于企业内部员工和业务，还扩展到了产业链伙伴、企业客户或用户、经销商。连接的商业价值体现为所有部门、员工、产业链伙伴都可以为客户提供服务，企业真正通过数字技术构建了以客户为中心的经营模式，进而实现企业转型。

要素 2：运营

企业通过数据驱动业务运营及流程优化。数据不再局限于企业内部的结构化交易数据、预测数据，还来源于市场、客户、员工。这些数据包括精准的行业及市场资讯、客户行为数据、销售行为数据。企业力求获取更加广泛的市场情报、客户反馈以及业务沟通信息，从而做出精准决策，推动业务运营，并在执行过程中有效规避风险。

要素 3：生态

企业与其业务伙伴的协作不再局限于业务处理，也不再局限于单向的信息传递，而是更加关注以客户经营及客户服务为核心的沟通、互动和过程管理，以此构建全新的业务生态。通过产业数联，企业将分布在线下及线上的业务沟通和业务处理聚合，同时将分散在多个业务系统的数据按照角色和业务需要聚合，从而使业务处理效率及协作服务水平成倍提升。

值得注意的是，产业数联不可能一蹴而就，需要产业链上的每一个企业实现内部各环节数字化，再将产业链上的企业与企业进行数字化连接。产业数联往往最先发生在产业链局部，然后逐渐向全产业链延伸发展。

中台是企业数字化的中枢

产业数联要求企业整合内外部的更多资源，更好地应对快速变化的前端业务，以更快的速度响应市场需求，更高效地与产业链上下游进行协同。而中台恰好能满足这些需求。

"中台"这个概念来源于美军的作战体系。在一线战场上，美军通过高效、灵活、统一的后方系统，支持前端的机动部队，提高作战效率，减少冗余投入。后来，阿里巴巴将其发扬光大，并在 2015 年提出了"大中台、小前台"战略。阿里巴巴中台战略的灵感来源于芬兰的一家公司 Supercell，这家公司只有 300 名员工，却接连推出爆款游戏，是全球最会赚钱的明星游戏公司之一。Supercell 开创了中台的"玩法"，并将其运用到了极致。这家看似不大的公司，设置了一个强大的中台，用以支持众多的小团队进行游戏研发。这样一来，各个团队就可以专心创新，不用担心基础而又至关重要的技术支撑问题。

今天很多人都在谈中台，但大家的理解各有千秋。尽管用比喻是一种蹩脚的解释，但为了理解一件事情，我们还是不得不借用比喻。

尽管早在 20 世纪 70 年代荷兰足球大师克鲁伊夫就倡导全攻全守的足球打法，并取得了不错的成绩，但这种打法并没有很快流行起来。直到西班牙队在世界杯和欧洲杯比赛中接连夺冠，这种打法才引起了人们的关注。这种打法的关键就是中场，中场不仅是连接中心，更是指挥中心，是整个球队的灵魂所在。西班牙队的中场全面展示了现代足球的风采，其战略贯彻的精准性、节奏把控的快速性以及球员个人才华的展现都令人惊叹，更使比赛的竞争性和观赏性达到了前所未有的高度。

企业的中台，就如同足球队的中场。如何将企业的"发动机"从前场转至中场，如何把企业的风险控制放到事中甚至事前，而不是事后，就在于使企业的核心能力在中台实现一体化的管理。

数字技术为企业的中台建设创造了条件。基于流程的数字化，企业能够实现所有管理环节的可视化和智能化。大数据技术使我们能不断洞察企业的核心竞争力，洞察企业在整个产业价值链中所处位置的变化所带来的影响，从而不断提高企业的核心能力。而云原生使企业得以实现全业务流程的数字化和体系化，建立超级链接，并实现对环境的连接，为产业链的不断进化以及企业把握发展新机遇创造条件。

中台并不是一个简单的平台，而是企业的"指挥中心"。它是对海量数据进行采集、存储、计算、加工与融合的平台，是把业务生产资料转变为数据生产力，同时数据生产力反哺业务，不断循环迭代的闭环过程，更是数字时代对企业的组织重构、流程再造与技术升级。在企业中，常见的中台处理流程是将对象划分为不同的业务场景，然后通过微流程、微服务、数据层来针对不同的产品和服务进行因地制宜的处理，如图3-6所示。在强大中台的支撑下，前端在进行业务运营和创新时会变得非常高效且灵活。企业可以根据最新的市场动态展开各种尝试和调整，一旦发现并验证了新的市场机遇，就可以调集中台的强大能力迅速跟进，抢占市场先机。

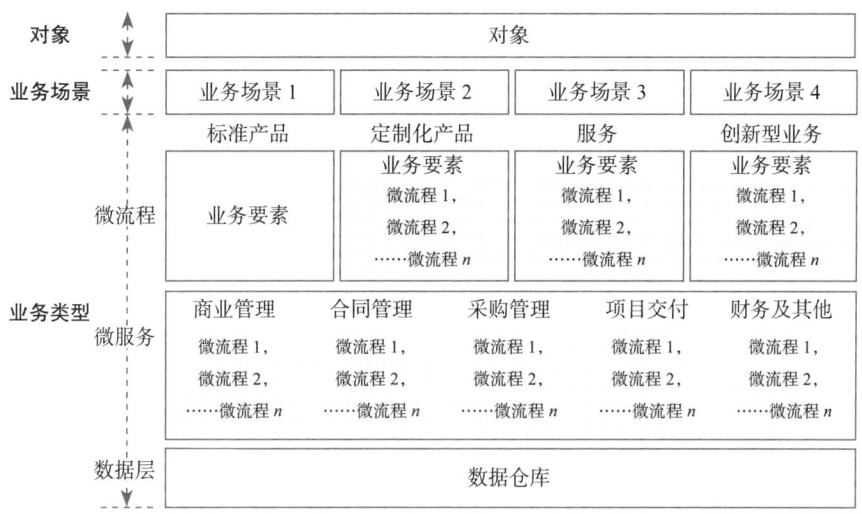

图 3-6　企业中常见的中台处理流程

中台还能集中处理所有数字化流程,并能像人的大脑和神经系统一样,随时进行调整和修正,从而实现智慧决策。基于战略层面和超越战略的洞察,企业能保持敏锐,随时发现组织的问题并进行快速调整。

中台还是组织的发力点,通过中台,每个个体都能依托组织的力量应对竞争。由于从客户需求到交付、服务的整个过程都可以实现可视化,企业中的个体仿佛都变成了"千里眼""顺风耳""大力士"士兵。通过中台的数据和网络系统,每个员工都能快速贡献自己的智慧,实现组织与个体的一体化运作。

中台对企业至关重要。在过去的 20 多年里,创新成为企业的战略核心,放眼走在这场潮流前端的企业(如亚马逊、海尔和华为等),我们会发现,在这些企业快速响应、持续进行复杂创新的背后,都有一整套完善的中台。

以美团外卖为例，美团外卖的商户和外卖骑手的数量庞大，美团是怎样将他们调动起来，从而将外卖安全、快速地送到用户手上的呢？如果靠人力来进行调度，恐怕雇用的调度员比外卖员还要多，效率之低也无法想象。因此，美团搭建了数据中台，通过数据分析，帮助那些在平台上点外卖的用户迅速地找到合适的餐馆，并帮助出餐的餐馆在最短的时间里找到骑手，从而以最高的效率将外卖送到用户手上。

中台又可以分为很多类，比如业务中台、技术中台、数据中台等，如图3-7所示。

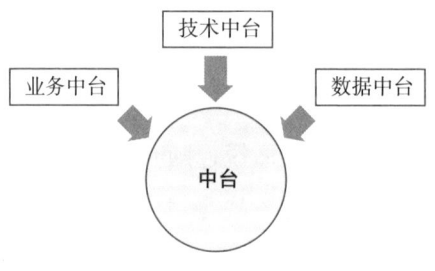

图3-7 中台的分类

业务中台是指以业务为典型特征的中台，它源自业务并服务于业务，有助于实现业务的复用以及对业务变化的快速响应。

技术中台是确保业务中台落地的技术支撑，它包括不同技术领域的技术组件，比如微服务开发框架、DevOps平台、容器云、PaaS平台以及其他各种应用技术等。技术中台能为前台、业务中台和数据中台提供简单、易用、快捷的应用技术基础设施，提供底层的技术、数据等资源和能力的支持。

数据中台以数据为中心，对获取的各类数据进行加工、分析、建模，然后提供给业务中台使用。数据中台的数据通常是从各业务系统或者数据湖中获取的，有源数据、关联数据、加工好的数据（已经过整理的主题数据、算法、模型）等。以购物网站的推荐为例，数据中台根据数据提供算法，然后业务中台基于算法的结果，为关联推荐提供支撑。

中台建设为企业的数据服务和数据共享奠定了坚实的基础，是企业从"数据"迈向"价值"的强大助推器。完善的中台也使企业的产业数联成为现实。比如贝壳找房就是通过中台建设达到了产业数联的目标，实现了对行业商业模式的颠覆。

2018年4月，贝壳找房正式成立，其服务项目包括买卖二手房、新房，以及租赁、装修和社区服务等众多类目，致力于为全国家庭的品质居住需求提供全方位的服务连接。成立以来，贝壳找房在推动房产服务这一传统行业互联网化的进程中，不断面临业务模式复杂、业务运营日趋精细化等一系列难题。这对平台的综合服务能力提出了更高的要求。

在品牌合作上，入驻贝壳平台的新经纪品牌已超过两百个，一系列有研发能力的业务团队加入了平台，平台需要满足它们不同的业务诉求；在业务进化上，随着平台连接的进一步深化，原本并行发展的业务急需一个综合性平台去进行统筹，以确保业务能够合理叠加；在服务者角色分工上，平台上汇聚了几十万个经纪人、店东、职能人员、摄影师、交易经理等各种角色的服务者，贝壳需要为每一种服务者提供相应的工作台，帮助他们完成作业，而且需要在保持高效、稳定的同时，保持工作台迭代的独立性。

为了满足品牌、业务和服务者的不同需求，通过业务下沉和基础能力整合，贝壳找房搭建了一套资源共享的中台系统，把原本分散的资源集中到了一个可以复用的、能够有力支撑前台业务的平台上，并提供统一的 SaaS 解决方案，不断地提升企业的整体效率，不断地促进行业的协同与融合，从而更好地服务用户。

一次二手房交易涉及十几个环节，包括谁找到这个房源并把房源录入系统，谁去量了房、拍了照，谁找到了一个潜在买家并把其信息录入系统，谁联系了这个潜在买家并带他上门看房，谁撮合双方谈价钱，谁协调双方签合同，谁带买家去银行办理贷款，谁带双方去过户，谁带双方到现场验房和交接。以前，整个流程由一个房产中介负责，但在贝壳找房平台上，却是由十几个人协作完成的。

贝壳找房将二手房交易的步骤进行细分，不同的人承担不同的职责。这些人可能来自链家（贝壳找房是链家孵化的），也可能来自其他房地产经纪公司。在贝壳找房平台上，所有的数据都是共享的，每个人都可以看到其他人的工作进程和结果。一旦交易完成，系统会根据每个中介角色的价值占比自动分成。这就做到了精细化的价值度量和价值分配。

过去，在链家内部也有这样的工作机制，但参与者都是链家内部的人，贝壳找房则实现了全行业、全产业链的大协作，形成了一个新的组织生态。在这个组织生态里，每个企业都参与其中，做出自己的贡献，真正实现了产业数联。

中台是企业数字化转型的中枢，是企业从业务驱动模式转向数据驱动模式的必然结果。它突破了传统企业对管理边界的认知局限，通过构建一个生态协同系统，极大地加快了企业发展的速度。

以决策数智化驱动管理

决策数智化让企业越来越智能

"管理就是决策"是美国著名管理学家赫伯特·西蒙的一句名言。西蒙认为，决策是管理的中心，贯穿管理的全过程。在管理企业的过程中，管理者会遇到各种各样的问题，而无论面对何种问题，管理者都需要做出决策，比如，制订计划就是决策，组织、领导和控制也都离不开决策。正因为如此，决策数智化成为企业数字化转型的一个重要途径，实现了决策数智化，也就实现了企业内部组织和管理方式的数字化转型。

通常来说，决策是一种由人的主观意志对客观存在的多种可能性进行选择的活动。这就意味着决策是主观的、感性的，因此也充满复杂性。管理者必须考虑多个因素，权衡各方利益，估量未来可能会面临的各项风险,并在动态变化的情况下做出决策。这样做出的决策是否科学、正确呢?西蒙用他所倡导的有限理性理论回答了这个问题。他用了一个绝妙的比喻来揭示有限理性对决策的影响:

有一只小小的蚂蚁,为了回到蚁巢在沙滩上不断爬行,留下了曲折的轨迹。因为它只能通过自身的感知能力判断出蚁巢大致的位置,然后向着这个方向不断前进。它没有能力预见自己在回蚁巢的路上会遇到哪些阻碍,但事实上,它这一路上会遇到各种"拦路虎"——石子、贝壳、水坑……于是,它不得不随之改变自己的方向。

西蒙认为,人在决策的时候就如同这只蚂蚁,只能凭借自己的认知能力、依据自己所获得的有限信息和所了解到的局部情况来做出判断,这导致人们最终做出的是有限理性的决策。

对于如何破解这种困境,西蒙也给出了自己的答案。他认为,应该充分发挥信息联系在决策中的巨大作用。他和合作伙伴将信息联系定义为"决策前提赖以从一个组织成员传递给另一个成员的任何过程"。他们还提出,在信息爆炸的时代,最重要的任务不是产生、储存或分配信息,而是对信息进行过滤、加工和处理。

西蒙的这一系列理论是我提出"决策数智化"的基石。根据西蒙的观点,信息加工与处理能提高决策的准确性,而数字时代的到来,不仅极大地提升了企业加工与处理信息的能力与效率,更使企业中的各种信息都以数据的形式呈现,使信息发挥出更大的价值。把这些信息、数据交给人工智能、大数据技术来处理,就实现了决策数智化,使企业中大大小小的管理问题都能得到更优解。

实现决策数智化的企业,可以在大数据处理、机器学习和人工智能的基础上,通过挖掘大量内部和外部数据中所蕴含的信息以及对企业整体情况的分析,发现业务规律,预测市场需求,改善工作流程,做出更好的决策,制定更加行之有效的战略。这些举措可以支撑企业的数字化营销、品牌建设、产品创新、智能制造、销售与分销以及渠道管理,创造端到端的商业价值,从而实现企业的持续增长与高效运营。

简单来说,决策数智化就是"数"和"智"的结合,如图 3-8 所示。

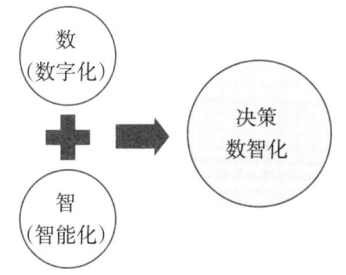

图 3-8 决策数智化的两个关键元素

"数"就是数字化,从消费端到供给端的全域、全场景、全链路的数字化,如品牌、商品、销售、营销、渠道、制造、服务、金融、物流供应链、组织、信息技术等商业要素的数字化。"智"就是智能化,是基于数字化的闭环,完成由经验决策向机器决策的演进,从而实现对市场需求变化的精准响应、实时优化和智能决策。过往的企业决策,管理者往往依赖经验,或是依靠低效率的信息收集方式,如问卷调研、来自渠道商的信息汇总等。而今天的智能化决策,则是数据支撑下的高效决策乃至自动化决策。

决策数智化最重要的优势在于能够形成自我迭代的决策闭环回路。以企业中比较常见的营销场景为例，通过采集营销场景的实时数据及反馈数据，并利用算法在数据基础上训练出营销模型。模型上线后可以对每一位客户的个性化需求做出精准且实时的预测，同时通过线上决策与实时互动，进一步得到客户的反馈数据，然后凭借自学习能力进行重新校准，从而不断适应该业务场景的新变化。

当来自各个业务部门的场景数据被源源不断地整合到企业的决策"大脑"中时，企业的整体智能化水平就会呈指数级增长态势，并实时反哺于各个业务环节，帮助企业做出更加精准的预测与决策，企业也将因此变得越来越智能。

谷歌是决策数智化的一个经典案例。通过企业内部的数据驱动，谷歌让每个员工都能凭借自身的创新能力为企业做出贡献。谷歌为每个员工都提供了很好的福利，但它也提醒大家，这是凭借创新能力为企业做出贡献的回报。员工不需要外在约束，因为对企业没贡献的人就会被淘汰。借助数字化的流程管理，谷歌实现了员工内部价值的精细化度量，减少了大量的管理成本，并因此成为全球最具创造力的企业之一。

不过，有一点我们需要注意：决策分为非常规型决策和常规型决策。非常规型决策是指决策者在突发事件、偶发事件或首发事件下进行决策，这类决策一般没有先例可循，决策者的经验、才能、性格等因素对这类决策有很大的影响。而常规型决策是指企业生产、管理过程中管理者需要做的一般性决策，它们常以相同或基本相同的形式反复出现，需要制定相应的程序、模型、参数或标准等来进行应对。常规型决策是有章可循的，对人的依赖性并不大。企业的决策数智化针对的主要是常规型决策部分，对于这一类型的决策，我们可以利用数字技术来提升决策效率。

在竞争日益激烈的产业互联网时代，无论是大型企业集团还是中小微企业，决策数智化都是无法回避的必修课程。只有早日进行数智化布局，实现数智化升级，才能紧跟时代的步伐。

决策数智化是劳动生产率倍增器

很多人或许还没有认识到决策数智化对于人类的重要意义——它将掀起一场生产力变革，使人类社会的劳动生产率倍增。

从劳动生产力的历史来看，在 18 世纪中期以前，人类社会的变化是非常缓慢的。到了 18 世纪 60 年代，工业革命拉开了帷幕，社会开始了巨大的变革。短短两百多年的时间，一切都变了。今天，我们的日常用品，我们居住的建筑、使用的电子产品，都是这两百多年的产物。

工业革命对人类的影响是前所未有的，反映到劳动生产率上，就是使人均劳动生产率在过去两百多年的时间里提升了 10 倍。要知道，在这之前将近三千年的时间里，劳动生产率几乎没有什么改变。

为什么会这样？人类能有今天的进步，主要是因为人类的劳动形式发生了根本性变化。不同的劳动形式，效率是不一样的。在工业革命之前，人类改造这个世界基本都是靠体力，效率是非常低下的，而工业革命用能源加机械替代了人的体力。

工业革命之后，人类不再依靠体力来改造世界，而是依靠技能，于是，劳动力结构发生了巨大的变化。在农业社会时期，从事农业的人占社会总劳动力的大多数，但是在工业社会，从事农业的人越来越少，体力劳动能创造的价值也越来越小。2024 年，从世界范围来看，农业占全球 GDP 的比例是 4% 左右；在美国，农业占其 GDP 的比例只有 0.85%。除此之外，在工业革命初期，英国的纺织业产能占全球的 80%，如果按照传统的手工生产方式，需要数千万人从事纺织工作，但事实上当时英国仅以数十万工人便支撑起全球垄断性产能。英国能实现超大规模的纺织业产能，靠的就是工业大生产的力量。

在数字时代之前，有很多人是从事技能劳动的，比如司机、厨师。随着数字化的不断深入，技能劳动在整个劳动中所占的比例将越来越小，人类将会越来越重视创新劳动。企业决策数智化的终极意义是把最富创造力的人从低价值的重复劳动中解放出来，让他们从事更加需要智慧和创造力的创新活动。

具体来说，企业决策数智化是如何提升劳动生产率的呢？

首先，决策数智化极大地降本增效。以京东为例，它在东莞有一个分拣中心，过去该中心有 3000 多名员工，但现在只有 20 名员工和 300 台分拣机器人。这些机器人任劳任怨、夜以继日地工作着，不仅使整个分拣中心的效率大大提升，还使成本降低了 86%。

其次，决策数智化促进服务效率的提升。阿里巴巴曾经进行过统计，它的人工智能客服占比已高达 94%。而接下来的数字则更令人震惊——智能客服的客户满意度竟然比人工客服高 3 个百分点。

最后，决策数智化还带来人机协作，人、机器人和人工智能协同提高工作效率。

RPA（Robotic Process Automation，机器人流程自动化）可以看作按照预先设定的脚本程序与现有用户系统进行交互的技术，其产品形态基本是软件形式，主要帮助完成重复性的工作。

一开始，RPA只被应用于开票、贴票、报账等通用的场景。以跨系统、跨页面的开票、贴票场景为例，过去，员工需要手动登录打车软件后台，输入相关税号、报销说明，再下载发票并上传到OA等内部系统，填写相关报销申请，手续非常烦琐。但是应用RPA之后，这些琐碎复杂的步骤中有很大一部分都可以免除——软件机器人会代替员工，自动完成跨系统的多个操作步骤。

在人力成本快速攀升、企业内部组织架构愈加复杂的当下，如何开源节流，提高员工的工作效率，成为很多管理者关注的核心命题。RPA可以模拟前端的人机交互，记录使用者的操作行为，比如键盘录入、鼠标移动和点击、触发操作系统、调用应用程序，在捕捉到某一流程后，RPA可以按照规则代替人来自动执行一些步骤，比如读取邮件、对账报销、生成报告等。

在电商场景里，RPA的应用也可以极大地提高效率。比如在很多电商平台，运费险非常普及，有些商家还会赠送运费险，然而，运费险的赔付却让运营人员感到十分头疼。对订单情况进行追踪、与保险公司同步赔付进度、查看保单信息等琐碎的工作占用了他们大量的时间。RPA将他们解放了出来，它可以自动地查询、下载和汇总信息，只要预先设定好使用规则即可。

RPA 与人工智能相结合，其实等同于智能流程自动化（Intelligent Process Automation，IPA）。RPA 如同人的双手，人工智能如同人的大脑，而 IPA 则是利用人工智能去指挥 RPA 完成工作。由 RPA 与人工智能结合而成的 IPA，将拓展自动化的深度和广度，以最少的人工干预完成任务处理。

企业决策数智化的变革，其潜力和速度超乎我们的想象和预测。与目前的经营管理手段相比，它对企业生产力的提升效果更加明显。我们需要认识到其中的差距，并付出更大的努力。

生成式 AI 重塑决策模式

数字技术的不断发展，持续提升企业的管理效率，助力管理者更好地进行决策和领导组织。尤其是从 2022 年开始兴起的 AI 热潮，更让决策智能化如虎添翼。

在 AI 出现之前，数据一般只有经过结构化处理之后，才能够在企业应用环境中发挥作用。而在企业的经营活动中，有大量的数据无法被结构化处理，比如内部的会议纪要、周报、季报，其中包含大量的关于企业具体业务事项的分析和讨论；企业的合同文本、项目验收材料，其中包含大量的交易细节；销售人员和客服人员与客户的交互文本，其中包含客户对产品和服务的一手反馈。除此之外，还有企业产品的用户手册、故障分析文档、产品服务和支持技术资料等，其中包含丰富的技术支持所需的知识。所有这些非常有价值的信息和知识，以往仅限于少数专家或管理者随机且离散地利用。传统的数据处理和分析方法对这种非结构化数据束手无策。高价值的信息无法被有效提取，意味着企业可能错失重要的决策依据、市场洞察和创新机会。

以大语言模型为代表的先进的自然语言处理技术的出现，使这种情况开始发生变化。企业可以利用 AI 开发针对某些行业或领域的管理辅助工具，将人们的管理经验与人工智能技术结合起来，构建一种融合人类经验和人工智能的生成式管理决策模式。这种决策模式可以自动分析、归类和抽取这些非结构化数据中的关键知识，进而为决策者提供有力的支持。例如，通过自动分析销售人员和客服人员与客户的交互文本，企业可以更准确地了解客户的需求和不满，进一步优化产品和服务。更进一步，企业还可以结合知识图谱技术，将分散在不同文档和系统中的信息连接起来，形成一个跨组织结构、跨业务领域、跨时间维度的企业大脑，为企业提供一个一体化的知识查询甚至咨询平台。这样的平台将成为企业的超级销售助理、超级客服助理或者超级管理助理。

神州数码推出的"神州问学"，为 AI 规模化落地提供全栈解决方案，在提高企业决策智能化方面就发挥了很大的作用。比如，某大型电器制造集团利用"神州问学"很好地优化了决策流程。这家企业拥有数十年的历史和深厚的行业积累，产品线丰富，覆盖了全品类的家用电器和商用电器。它在全球多个国家和地区也都有业务，每年要处理大量的产品设计、制造、销售、售后等相关的文档和数据。在业务快速发展的同时，该企业一度面临着一些挑战，其中最显著的一点是决策难。

多年的业务经营让这家企业积累了大量的非结构化数据，如工程设计文件、产品手册、市场分析报告、客户反馈等，但这些宝贵的数据散落在不同部门，难以形成有机的知识共享。当员工在工作中遇到问题、需要决策时，往往需要花费大量时间去查找历史文件和资料，或者向管理者请教，工作效率低下，决策周期漫长。

"神州问学"平台的应用，帮助这家企业妥善地解决了决策难的问题。利用"神州问学"，该企业对内部各部门的非结构化数据进行了整合和清理，包括工程设计文件、市场分析报告、客户反馈等所有文本类数据，并对这些数据进行了深入的分析和提炼，自动提取出关键知识和信息，还根据主题和业务领域进行了分类。基于上述数据，这家企业训练并定制了一个专属的大模型，这个模型能理解其产品、业务以及行业特有的术语和知识。当员工需要做出某个决策时，只要向大模型咨询，就能迅速获得他们需要的信息，从而缩短决策时间，提高决策效率。

AI 在管理决策中的应用，使管理者打破了认知边界，为管理者提供了超越人类能力范围的洞察和卓识，从而实现更快速、更准确的决策，也使企业更好地应对复杂多变的商业环境。

随着 AI 的不断进步和完善，它对企业知识的处理能力会在精度、广度和深度这三个维度上不断得到提升，最终甚至可能会出现可以深刻洞察企业运营全局的"企业超级运营大脑"。我们应充分发挥 AI 的潜力，引领组织走向更加智能、更加有创新力的未来。

决策数智化的终极目标：人的价值最大化

决策数智化是时代发展的大势，是企业必经的阶段，但有一点我们需要认识到：数智化不是为了完全取代人的位置，而是要最大限度地释放人的创造力，发挥人的价值。这是决策数智化的终极目标，也是我提出这一理论的根本动因。

我在欧洲考察的时候，有一项行程是参观卢浮宫，为我提供讲解服务的是一位中国留学生。这位留学生学的是工科专业，但他从小就对历史有着浓厚的兴趣，多年的积累使他对世界各国的历史知识都如数家珍。留学后，他观察到很多中国人来欧洲旅行都会到卢浮宫、大英博物馆、巴黎圣母院等知名景点参观，但这些景点能为游客提供中文讲解的人却很少。于是，他借助互联网寻找那些需要中文讲解的游客，利用自己的历史知识储备为他们提供精彩的讲解。他的讲解的确很吸引人，在卢浮宫，他带着我们一路游览，对每一件藏品的历史背景、典故、细节都娓娓道来，让人沉浸其中。他不仅在卢浮宫为人们提供讲解，如果有客户需要，他还会飞到美国纽约带领那里的客户欣赏大都会艺术博物馆里的文化瑰宝。

这位留学生的经历让我深刻地感受到当下年轻一代与众不同的工作方式，他们可以不受时间、地点的限制，在他们感兴趣的领域尽情发挥自己的聪明才智。这引发了我的思考：数字化某种意义上是对人类的解放，让每个人都回归自己的天然禀赋。无论是画画、写字，还是音乐，数字化让每个人将天然禀赋发挥到极致，而不必做自己不喜欢的事情。而对企业来说，决策数智化所发挥的作用也是如此——充分发挥个体的创造力，激活企业中每个人的价值。

以前企业大多采用的管理模式是"老板下达指令，员工听命执行"，在很长一段时间内，这种模式对企业的发展有很大的促进作用。

但现在时代变了，在数字时代，我们身处充满不确定性、日益复杂多变的商业环境，在这样的环境下，构建自身的创新能力就成了企业持续发展的前提。彼得·德鲁克在其著作《创新与企业家精神》中为创新下了一个定义："创新就是通过改变产品和服务，为客户提供价值和满意度。"怎么才能改变产品和服务？只靠老板一个人或者靠少数几个高管的智慧是远远不够的，必须把企业中每个人的创新能力都激发出来。当我们这样去做了，会发现员工的创造力是非常惊人的，带给企业的改变也是超乎想象的。

其实，对一家企业的发展来说，企业的文化、组织、战略、领导力、人才等因素远比技术更为重要，这一切都与人有关，人是企业价值创造的主导要素。如果一家企业不重视人的价值，即使拥有再尖端的技术，也不可能实现良好的发展。不只是决策数智化，企业方方面面的发展都应以人为本，人才是数字化转型的真正核心。

企业家必须认识到，在数字时代，个人的创造力与好奇心永远是最根本的因素。数字化、AI能够替代重复性、记忆性的工作，但真正具有创造性的工作是永远不可能被替代的。

我们身处一个快速变化的时代，然而，变化本身并没有什么值得惧怕的，可怕的是走老路，沿用旧的逻辑做事。在数字化转型的路上，企业家必须改变自己的思想、行为和革新模式，为组织赋能，重视人的价值，彻底激活每位员工的潜能。只有这样，企业才能真正拥有未来。

企业无边界化,方能以无胜有

未来的企业靠无边界制胜

产业数联和决策数智化,是未来数字化企业必须拥有的"双螺旋",是新商业的 DNA。而它们对企业的改变也是根本性的——它们将引领企业走向无边界化。

从另一个角度来说,如图 3-9 所示,今天人们与社会的接触基本上都依托社交媒体,人与人交流的方式越来越向社交化发展,这也必然会带来企业无边界化,同时导致数据和消费来源不断增加。

图 3-9 今天人们与社会的接触依托社交媒体

过去,边界一直是企业制胜的因素。在传统的经济学理论中,人们普遍认为,企业的运营是有边界的,因为构成企业的基本生产资料主要是土地、劳动力以及资本等可以看得见的人或事物,因此,根据企业边界收益理论，当企业的生产规模达到一定程度时，企业的边界就形成了。

我们不能否认传统经济理论对企业边界的深刻认识，但我们也必须认识到，这一理论是建立在工业时代背景之下的产物。人类社会实现了从工业时代到数字时代的跃迁后，这一边界理论是否依然适应新时代的特色要求呢？

答案当然是否定的。因为在数字时代，传统经济学家们所认为的企业边界理论已经失去了其生存的土壤。

在企业外部，通过产业数联，产业链的数据被打通，上下游企业间的边界变得越来越模糊。在企业内部，通过决策数智化，常规型决策可以通过构建知识图谱实现智能决策，因此，员工人数、营收规模不再成为界定企业边界的关键因素。当企业实现"无边界"后，其自身价值将实现极大增长。由于高盛开放了资产管理平台，其企业边界就不再以它拥有的员工人数、营业收入等这些传统标准来界定。因为企业已经向无边界化发展了，它的价值无法以单一标准来衡量。

"无边界运营"并不是一个新概念，最早由美国通用电气公司前CEO杰克·韦尔奇提出。杰克·韦尔奇被誉为20世纪最成功的企业家，他于1981年执掌通用电气，只用了短短20年的时间，就将这个原本结构臃肿、管理层级复杂的商业帝国的年收入从250亿美元提高到1000多亿美元，净利润从15亿美元提高到93亿美元，市值增长了30倍，排名从世界第10位提升到第2位。韦尔奇的成功，很大程度上得益于无边界运营理念。

韦尔奇认为，企业的无边界运营就是将企业的管理思想和科技创新放入一个"无边界"的环境，跳出经营思维的限制，从全球角度来进行市场开拓和资源配置，以招揽更多的人才并实现品牌的创新，从而使企业的发展空间变得更为广阔。同时，韦尔奇还进一步指出，无边界企业有助于企业经营者产生更好的方法和思想，并与组织内部人员以及其他企业共同分享最好的思想与实践。

在工业时代，传统企业凭借严格的边界在竞争中脱颖而出，而未来的企业则要靠无边界制胜。

为什么？我们身处数字时代，就要运用新认知、新思维来看待、分析以及解决当下面临的问题。

第一，我们应当看到，消费者的需求是企业运营一直关注和追求的目标。因为如今是一个以消费者为中心的时代，消费者完全掌握了市场的话语权，这就要求企业的经营思维必须随之发生改变。

第二，我们要认识到数字时代的主要特征之一就是资产数据化。这使得企业与消费者之间的距离被无限拉近，这样一来，就需要企业打破原有的边界，将消费者的参与体验融入产品的设计、研发以及整个生产过程之中。

比如小米手机的巨大成功，就是生产企业和消费者紧密互动的结果。企业通过互联网收集消费者对手机设计以及研发方面的诸多建议，从而实现在功能配置上更加符合消费者的心理需求。显然，让消费者积极参与，打破企业边界，是小米手机成功的一大法宝。

第三，随着数字经济的推进，企业之间的竞争将会越来越激烈，企业要想获得持续的发展，就必须保持不断创新。由于传统行业的竞争格局基本固定，市场基本饱和，企业要想获得更大的发展空间，就必须跨出现有边界进行创新。这种创新不可以故步自封，更不能浅尝辄止。发明第一台数码相机的柯达公司因为固守胶卷产品最终被消费者和市场抛弃；拥有全球近90%市场份额的丰田、通用等汽车厂商，最大的突破也就是将油电混合动力汽车做到极致，依旧面临极为有限的上升空间，这才使得边界之外的特斯拉脱颖而出，构建了纯电动汽车的领先优势。

当我们理解了这三点，就会发现，未来企业发展运营的方向就是企业边界越来越模糊，无边界、扁平化将是企业发展的重要特征。从更深层次上加以理解，将来企业的运营不仅要组织企业内部的资源，还要组织企业外部的资源，激活互联网所能连接的每一个有用组织为我所用，彻底将组织边界打破。

无边界化"无"在哪里

今天，面对数字经济的浪潮，借鉴国际先进管理经验，使企业实现无边界化已经成为中国企业立足市场、提高核心竞争力的必然选择。

企业无边界化体现在哪里？体现在资源无边界、行业无边界、产品无边界、客户无边界、组织无边界上，如图3-10所示。

1. 资源无边界

《维基经济学》一书指出，失败者创建的是有墙的花园，而胜利者创建的则是公共的场所。张瑞敏曾经说，打开企业的边界，企业会

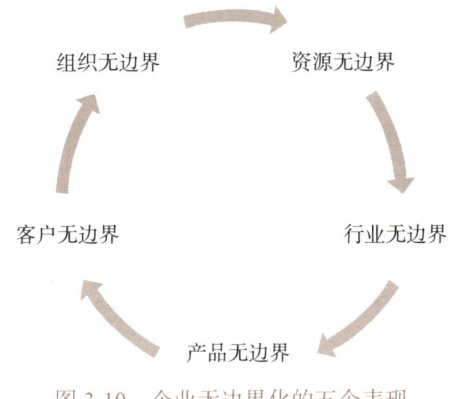

图 3-10 企业无边界化的五个表现

成为一个无边界的聚散资源的平台，最终目标是满足用户全流程的体验。正是因为有着这样的感悟，海尔提出了"企业无边界、管理无领导、供应链无尺度"的"三无"理念，以企业平台化、员工创客化、用户个性化来体现"三无"，率先在全球创立物联网生态品牌，成为首批"灯塔工厂"中唯一的中国企业。同时，海尔还创立了互联网时代的"人单合一"管理模式，为企业管理提供了一个值得借鉴的经典案例。

要想使资源无边界，企业的经营者需要转变思维，以平台思维、生态思维、共赢思维来管理企业，将链接资源、集聚资源、整合资源的能力当成企业的核心能力来打造，把打造平台、利用平台、借助平台和营造生态、融入生态、发展生态作为重要的发展路径，努力打造无边界、无尽头的产业丛林。

2. 行业无边界

小米创始人雷军曾经说过："一个只做手机的小米，是不会有真正的未来的,它的效应很快会受到阻抑。"于是,雷军打破了行业边界,带领小米向其他行业拓展。盘点小米的商业版图,你会发现,除了手机之外,小米的商业触角已延伸到了家电行业、饮料行业、服装行业等多个行业。

企业无边界化会促使企业打破传统意义上的行业边界,跨入新的领域,将原本属于不同行业的价值链进行融合与重构,为企业带来新的增长点。

3. 产品无边界

歌德曾说,每一种思想最初总是作为一个陌生的来客出现的,而当它一旦被认识了之后,就可能成为改变社会的滚滚潮流。产品创新也是如此。如通过消费体验共享进行无边界创新,不少公司都做出了示范。华为早期的主要业务有两项,通信运营商管道和企业网,后来它将智能手机纳入了产品体系,从而进入了新赛道。杰夫·贝佐斯在创立亚马逊的时候一心只想做出世界上最大的书店,然而,20年后,它成了世界上最大的在线零售商,后来又拓展了新业务——AWS,这些产品使亚马逊成为一个庞大的商业帝国。当产品的边界一再被打破,企业的跨界发展、平台式发展就会成为常态,而企业产品边界的突破又使得企业发展的边界越来越模糊。

企业经营者必须清楚地认识到这一点,不要把自己束缚在固有的思维中,更不要把企业的成熟产品当作不可逾越的边界,要打开视野,不断创新,坚持客户为王、价值至上,以客户的多变需求为中心积极整合多方资源、凝聚内外部力量,大胆地推进产品和服务创新，不断推出对客户有价值的新产品、新服务，不断引领企业开拓新蓝海。

4. 客户无边界

过去，企业总是习惯于寻找"目标客户"，这在无形之中就为企业的客户群体划定了界限。无边界企业没有固定的客户选择标准，而是尽可能争取未被满足需求的潜在客户和平时未被关注的客户，并在消费导向上引导、教育并培养他们；同时，关注客户需求的差异或变化，扩大寻找客户的范围。

更重要的是，企业要减少或放弃与竞争对手在红海市场的血腥竞争，应在传统非客户群体中寻找机会，延伸现有需求或开辟新需求，寻找新客户。只要跳出现有客户，把原来的非客户转化为客户，企业就会海阔天空。

5. 组织无边界

在工业时代，企业的组织架构建立在部门分工的基础上，因此形成了金字塔式的组织体系。而在数字时代，全流程满足客户的需求和体验成为企业管理的最终目标，传统的组织架构已经不再适用，因为它无法准确及时地把握客户需求的变化。

同时，数字化转型后的企业将成为一个开放的生态系统，严格意义上的内外界限也变得越来越模糊。这要求企业颠覆传统的组织架构和管理流程，进行无边界管理，只有这样，才能实现资源配置最优化、价值创造最大化。海尔能做大做强，就是因为它通过构建链群生态，打造了一个无边无界、交互共赢、开放合作的新型组织形式，这值得每个企业学习。

值得注意的是，虽然组织无边界使经营理念、数据以及其他各种资源能自由地在企业内外流动，但这并不意味着完全开放边界或不存在边界，否则，企业将成为"无组织"状态。

激活个体，赋能组织

伴随着企业无边界化，企业对内外部的管理也呈现出无边界化的特点。这种无边界管理能将公司各个职能部门之间的障碍消除，便于部门之间的沟通合作；能推倒公司外部的围墙，使供应商和客户成为一个单一过程的组成部分；能把团队的位置放在个人的前面，倡导群策群力的"团队精神"等。过去，企业需要不断修订战略，这依赖于企业家的格局与眼光。而在无边界企业中，企业的战略有实时的数据作为支撑，企业的发展也就不再完全依赖于企业家的高瞻远瞩。

相应地，企业的组织管理模式也发生了变化，自组织迅速崛起，成为企业组织变革的新趋势。

自组织思维是数字文明带给我们的一种认知颠覆。如今，一些有先见之明的企业家开始采用自组织模式来管理企业，他们精简组织层级，去中心化，从组织结构、岗位设置方面赋予员工"主人翁"的地位，让员工成为企业的管理者、决策者甚至拥有者，从而激发其创造力和主动性。

谷歌前执行董事长埃里克·施密特和主管产品的前高级副主席乔纳森·罗森伯格在他们的著作《重新定义公司：谷歌是如何运营

的》中提出了一个观点：未来组织的关键职能，就是让一群创意精英（Smart Creatives）聚在一起，快速地感知客户需求，愉快地、充满创造力地开发产品、提供服务。什么样的人是创意精英？简而言之，创意精英不用你管，只需要你营造氛围。所以，传统的管理理念不适用于这群人，甚至适得其反。你不能告诉他们如何思考，给他们下命令不但会压抑他们的天性，还可能会引起他们的反感，甚至把他们赶走。这群人需要互动、透明、平等。作者反复强调，凡是不受法律或监管约束的信息，谷歌都倾向于开放给所有员工，包括核心业务数据和绩效表现。谷歌采用的就是这样一种模式，优秀人才自然慕名而来，这使谷歌保持着非常高的创新能力和领先的行业地位。

神州数码的敏捷小组是企业无边界的典型场景。通过打造一个个横跨不同部门的敏捷小组，神州数码内部不但打通了不同部门间的烟囱式管理隔阂，而且为员工带来了更为广阔的思维视角，提升了他们对自我的认知，从而使其拥有了更好的系统思维。

除了在内部打造敏捷小组之外，神州数码还试图从产业生态的角度打破企业边界。通过大数据画像和综合评分系统，神州数码与3万余家有意愿深度合作的，有实力、有潜力的合作伙伴，共同组建了数字中国服务联盟。自2020年11月发起成立以来，数字中国服务联盟聚焦业务升级，不断打破联盟成员间的企业边界，实现了解决方案共享、技术应用共研、新业务模式拓展，探索出了一条切实可行的数字生态之路，推动了联盟成员企业的协同发展。

还有很多企业在向着自组织管理变革。微软改变了员工分级制，认为任何层级的员工将来都可以变成企业运行的重心，以及组织的资源调配重心；华为一直提倡"让听得见炮声的人来做决策"；在追求效率的初创阶段，小米公司的两万多名员工只分为三个层级，根据项目需要，团队成员可以随时流动，从而实现了以客户为中心的快速反应。

在企业中建立自组织管理模式并不是一件容易的事，在这个过程中，有一些关键点尤其需要注意：

一是要强调激发每个人的主观能动性，对业务部门加大授权力度。采取类似项目承包制的方式，将项目的运营主动权让渡给各个业务部门经理——明确责任、权利、义务和回报空间，将公司的项目变为"我的项目"，进而增强业务部门的工作能动性。

二是要强调工作职责、权限范围以及充分利用可以调度的资源，使职能部门为具体的结果负责。对于部门的表现，要明确好坏的标准并及时评估，明确奖金池以及金额增减的规则，将公司的职能变为"我的职能"，进而增强职能部门的工作能动性。

三是要建立完善的企业制度，这对企业来说至关重要。在分权以前，管理者必须确认企业建立了配套而完善的经营管理制度，以及实现了规范化。对授权者来说，能够更加清楚自己手中的权力和职责，哪些是可以转移出去的，哪些是不可以转移出去的，有效地避免越职授权或者授权不当的情况发生；对被授权者而言，可以更明确自己得到的权力边界和责任大小，在可能的限度内充分运用得到的权力，以最佳的方式实现既定目标。只有在这个基础之上，各个业务部门和岗位的责任、权力和利益才能明确，授权才能做到有章可循。而且，有了制度的保证，也就能够把授权置于企业的有效监控之下，增加授权的透明度，为授权管理的顺利进行提供可能。

在数字时代，任何一个想要保持蓬勃活力、获得可持续发展的企业，都应该沿着资产数据化、产业数联、决策数智化、企业无边界化的路径对自身进行彻底的变革。当我们完成这场变革后会发现，被颠覆的是企业的业务流程、管理方式、组织模式，而被重构的则是企业的价值。在这样的颠覆与重构中，企业将会获得可持续的竞争优势，构筑起一道牢不可破的"护城河"。

第 4 章 ◂ CHAPTER 4

云原生技术范式加速数字化进程

回顾过去数十年，新时代的到来、认知的颠覆驱动着我们进入数字化转型新阶段，然而，传统的技术范式无法支撑企业的商业模式创新与业务发展，所有企业，无论是行业巨擘，还是中小微企业，都面临着未知的挑战——新技术范式是什么，怎样变革？

云原生技术范式很好地回答了这个问题，它带来了各种技术创新的融合与重构，对云计算的服务能力与互联网系统架构进行整体性升级，使云成为一种基础设施，使用软件定义一切走进现实，从而深刻地改变了整个商业世界的 IT 根基。

而数云融合让这种技术范式的更替成为现实。当云原生与数据资产深度融合，企业就获得了双重进化动力：数据驱动决策优化，云原生保障执行敏捷。

技术范式颠覆是大势所趋

云原生为数云融合提供重要支撑

数云融合战略使企业形成了一个增长飞轮，使企业的能量越来越大，发展速度越来越快，竞争力越来越强。而为这个增长飞轮提供驱动力和支撑的是持续升级的技术。技术升级带动运营升级、业务升级，成为企业业务创新和增长的主要动力。

从企业经营的本质来看，企业管理的底层逻辑实则是业务模式、技术范式与管理方法三者的有机融合，如图4-1所示。更进一步说，企业本质上是承载创新使命的组织，这一属性决定了它必然要通过这三个要素相互作用、动态耦合而发展。

对企业而言，业务模式至关重要，其核心命题是"如何创造并获取价值"。当人们通过剩余产品交换完成交易，进而为交换而规模化生产时，价值创造与盈利逻辑便逐渐成为现代商业社会的核心。

从工业革命开始，盈利模式便与技术深度绑定。技术范式的持续迭代始终是推动产业升级的核心动力：从蒸汽机驱动的第一次工业革命，到电动机普及的电气化时代，再到信息化浪潮与当下的数字化转型，技术范式的每一次跃迁都在重塑产业格局。即便是信息化阶段，从传统的 CPU 驱动到如今的云原生架构，技术范式的演进也深刻改变了商业的底层逻辑——技术范式的变化，往往会直接推动业务模式发生根本性变革。

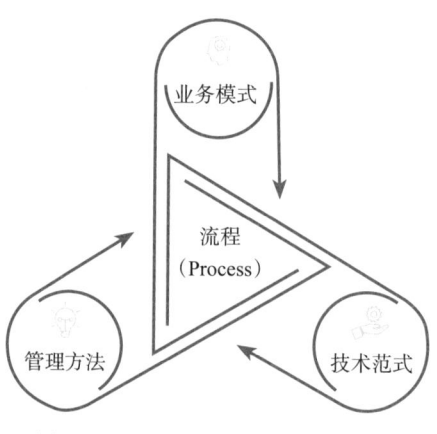

图 4-1　企业可持续发展的三大要素

那么，在业务模式与技术范式的基础之上，如何将潜力转化为实际收益，保障企业运营的可持续性呢？这就需要管理方法的支撑。管理方法不仅是资源配置的工具，还会反向驱动企业创新活动在深度与广度上发展。

同时，我们也应该看到，业务模式、技术范式与管理方法三者动态作用并产生关键效能的节点，是"流程"（Process）。现代大工业与规模化生产始于福特的流水线，其核心价值在于首次实现了业务模式、技术范式与管理方法的有机融合，奠定了现代规模化工业的发展根基。从那时起，流程便确立了其在企业经营中的核心地位——它既是三者协同的载体，也是企业效率与创新的中枢。

第 4 章　云原生技术范式加速数字化进程

在第 3 章，我们以一幅全景图对数云融合战略进行了可视化展示。其实，如果从技术范式的角度来说，数云融合战略也可以用另一种表达方式来清晰展示，如图 4-2 所示。它从最底层的算力，到中间的云管理平台，再到最终实现对数据资产的管理和应用，涵盖了企业数字化转型的全过程。

图 4-2　数云融合战略的另一种表达方式

图 4-2 将底层"基础设施"分为覆盖算力架构、智算中心、云架构等面向 AI 的公共基础设施资源（IaaS），以及覆盖公有云、私有云及各种开源技术的基于云原生就绪开发工具与技术组件（GPaaS），旨在实现数字时代企业对各类算力资源的统一纳管和有效调度。

中间层"AI 驱动的业务数据"则直接响应企业的核心业务流程及数字化要求，一方面充分引入各类贴合行业体系架构的专业应用工具（aPaaS）；另一方面则匹配企业生成式 AI 落地的进程，对各类数据治理工具（DaaS）、各个行业大模型工具（MaaS）进行统一管理和调用。

数字时代，所有企业业务都将会以数据资产的方式来体现。而数据资产则包括系统数据、另类数据以及基于这两类数据自动创造的新数据——生成式 AI 生成的数据（AIGC）。这些数据共同构成了企业最重要的数据资产，并支撑企业利用数据资产进行产品/服务的重新编排，实现业务创新。其中，系统数据可以是企业对客户的深度理解、打造供应链的经验、做生意的技巧，沉淀并运行于企业的核心业务流程中；另类数据是指从第三方购买和补充的数据；而第三类生成式 AI 生成的数据（AIGC），则是今天最重要的发明。随着时间的推移，第三类数据可能会超过前两类数据的总量，因为它可以像"永动机"一样，持续地生成数据。此外，它也能更全面地反映企业运行的情况。当某些与企业天然禀赋相结合的数据不断累积，就有可能为企业创造出第二、第三条增长曲线。

最顶层"应用场景"，则是一切业务的起点，没有场景，就没有业务。因此，数字时代的数云融合架构也需要面向场景，并服务于场景。

神州数码为某车企构建的车联网平台就是在云原生的支撑之下践行数云融合战略的典型案例。

> 对车企而言，数据的价值无法估量。举一个很简单的例子，任何一家车企都不止一款车型，而不同车型的数字化基础又不尽相同，这就导致不同车型的销售量、用户满意度、

运行稳定性等数据成了车企改良的关键。而无论是了解车辆及设备信息、运维及预测性维护情况，还是深入了解用户人群画像、监控应用运行状态及性能状态，数据都让汽车拥有了更多想象空间，也极大地促进了汽车产品的高可用性与快速迭代。

然而，庞杂的数据让车企日渐迷茫，敏捷、快速地挖掘出数据背后的价值变成了一场攻坚战。在帮助某车企梳理业务数据价值的过程中，神州数码逐渐发现该车企在数十年的发展过程中已经形成了针对各个车系、各个车型的不同业务团队。这导致该车企面临着业务中心独立、应用繁多且级联关系复杂、系统数据种类多、系统请求量大且部署分散等痛点。因此，该车企的系统需要多方协同运维，导致问题定位难度大、故障处理时间长，这在很大程度上降低了该车企品牌在消费者心中的满意度。

为了解决这些问题，神州数码结合该车企的业务实际情况，以公有云+私有云的方式，帮助车企在云上搭建了车联网平台。在我们看来，随着数据价值成为衡量企业价值的重要手段，云能够为其提供无尽算力并构建泛在的敏捷能力。借助车联网平台，该车企终于实现了对车辆和用户信息的统一收集与管理，能够实时采集应用日志、实时进行ETL分析、实时监控应用运行状态及性能状态。

在此基础上，该车企不仅可通过历史数据为运维团队提供数据预测支持，而且能够通过多平台数据统一治理，实现从业务数据化到数据业务化的技术跃迁，为产品迭代提供更多的想象空间。除此之外，车联网平台帮助客户实现了对车联网服务的预先告警及运维费用控制，并且通过构筑新系统快速响应客户的多平台数据统一治理要求。

云与数据的碰撞所能释放出的能量超乎想象，云原生为企业的数字化转型带来的前景更是超乎想象。

数云融合让技术范式更替成为现实

云原生不但是技术架构的升级，更是技术范式的颠覆与创新。

在人类历史上，曾经爆发过无数次技术革命，每一次技术革命都能催生出新产品、新产业、新经济模式，并且形成与其相适应的技术范式。

什么是范式？要理解这个概念，我们可以以京剧为例。为了让人们更好地理解角色和欣赏表演，京剧中常常以红脸代表忠义耿直、有血性的角色，比如关羽等，以黑脸代表铁面无私、不苟言笑或粗率莽撞的人物，而白脸则多是奸诈多疑的角色……红脸、黑脸、白脸等就是范式，而技术范式就是我们在改造自然的过程中对环境要素进行定义所使用的工具。数字化进程发展到今天，认知的颠覆必然导致技术范式的颠覆。如今，伴随着数字化的深入发展，建立在工业社会基础之上的旧技术范式正在被建立在数字社会基础之上的新技术范式所取代。

新一代信息技术，云计算也好，大数据也好，物联网也罢，都带来了新的应用场景，使数字化不再局限于过去少数的业务流程，而是让很多业务场景实现了数据化、智能化，拓宽了我们的业务边界和应用范围。与之相比，传统的系统只能支撑一些简单的应用，无法适应今天新的技术环境，更无法满足企业的新需求。因此，技术范式的颠覆成为一种必然。

当然，只是从技术变革的角度来理解这种必然性，是远远不够的。这种新旧技术范式的更替，是由多个维度的原因造成的。

从社会发展的维度来看，经济、政治和商业力量推动了技术范式的"新陈代谢"。在工业时代，军事需求根本性地创造了航空、核武器和许多其他技术，同时军事预算也为计算机技术的早期发展提供了主要资金支持。而在数字时代，企业的数字化转型逐渐迈向纵深，企业对算力的需求越来越大，这使得云原生、云计算、大数据、区块链技术等新一代信息技术的使用范围逐渐扩大，从某种程度上促进了新技术范式的蓬勃发展。

从生产方式的维度来看，新的生产方式的出现促进了技术范式的更替。在数字时代，生产方式出现了三个新的变化。一是从大规模生产转向大规模定制，这要求产品必须不断创新，以满足消费者更为广泛的个性化需求，用户体验在产业发展中扮演了更加重要的角色。二是从刚性生产系统转向可重构制造系统。新型制造系统以重排、重复利用和更新系统组态或子系统的方式，实现快速调试与制造，具有很强的包容性和灵活性。三是从工厂化生产转向社会化生产。数字技术的飞跃发展使大量物质流被虚拟化为信息流，除必要的实物生产资料和产品外，生产组织中的各个环节可被无限细分，生产方式呈现出社会化生产的重要特征。旧技术范式已经无法适应新的生产方式，新技术范式应运而生。

从商业模式的维度来说，日渐兴起的新型商业模式丰富了新技术范式的内容。在数字时代，出现了很多新的商业模式，如共享经济、平台经济等，新的产业也随之出现，比如网约车、共享单车等。新产业的发展需要新技术的支撑，而不断涌现的新技术又形成了新技术范式。

从社会信任的维度来看，互联网促进了全球的连接与互动，但与此同时，信任鸿沟却阻碍着这种连接与互动。现在广泛应用的数据库技术架构都是私密且中心化的，在这种架构上，价值转移和互信问题难以得到解决，而区块链技术却能通过去中心化技术，在大数据的基础上实现数学（算法）背书，从而可以基于零信任建立连接与互动，破解全球互信的难题。这也从某种程度上促进了技术范式的颠覆。

当然，尽管技术范式的颠覆是大势所趋，是一种必然，但在过去漫长的时间里，我们却一直无法完成这种颠覆。这是因为，对企业来说，以客户为中心需要实现数据资产和业务之间更加有机的转换，这对传统的 IT 架构是一个非常大的挑战，是几乎不可能完成的。而今天，由于云原生、数字原生的出现，尤其是数云融合的实现，这种可能变成了现实。

基于云原生的技术范式创新

数字时代的新技术范式最典型的特征是以云原生为基石，以大数据、物联网、云计算、可穿戴设备、区块链、人工智能等多种数字技术为通用技术，并以云生态和开源生态构建开放的互联网生态系统。

与一百多年前的电力技术、两百多年前的蒸汽机技术一样，这种新技术范式所包含的一系列通用技术正日益渗透到经济、社会和生活的各个角落，广泛应用于传统产业的各个领域。

普适计算之父马克·韦泽（Mark Weiser）曾说："最高深的技术是那些令人无法察觉的技术，这些技术不停地把它们自己编织进日常生活，直到你无从发现为止。"如今，新技术范式的通用技术体系正在成为一种类似于水、空气、公路这样的基础设施，并正在以前所未有的广度和深度，对旧技术范式下的产业组织形态、企业运营结构、资源配置方式、生产营销策略和经济发展模式进行着巨大的变革。这种变革将会带来生产制造业、货物流通业和出口加工业等众多传统产业的升级改造，同时，也将会进一步推动文化、健康、环保、教育等新兴战略产业形成新的经济业态和增长亮点。

基于云原生的技术范式将加速各行各业的数字化转型进程。随着新技术范式对传统领域的升级改造，越来越多的产业和企业将会完成数字化转型，甚至会像很多有先见之明的领军人物所预言的那样——一切商业都将被数字化。

在一切数字化的技术范式中，以云原生为基石的通用技术不但是目前人类社会数据处理成本最低的基础设施之一，同时也极大地提高了企业获取、处理、传递、存储、分析以及利用数据的效率，而企业数字化程度的提高又进一步推动了数字技术的发展。

当然，这种升级改造和技术范式的更替并不是在一夜之间完成的。数字技术需要通过在社会经济各个方面的逐步应用，通过量的积累，最终引起质的飞跃，使我们从新技术范式的形成阶段进入稳定发展阶段。

那么，究竟什么是云原生？云原生是如何演化的，又是如何驱动数字化转型的？接下来，我们从云原生的前世今生开始讲起。

云原生：一场新的"集装箱革命"

从大型机计算到云计算

科技的发展与变革，推动着时代的列车轰鸣向前。如今，曾经被视为"科技界的下一次革命"的云计算已经进入了云原生时代。从云计算到云原生，是技术范式的颠覆，更意味着一个以云为核心的新型计算体系结构正在形成。

很多人对云原生并不了解，更不理解这种技术范式更替的意义。首先，我们一起来回溯计算的发展历程，这有助于我们更好地理解云原生的由来和发展。

从计算机被发明出来到今天，信息技术先后经历了科学计算、商业计算和社会计算三个阶段，与之相对应，计算模式也经历了"大型机计算时代""PC 计算时代""云计算时代"三个时代，如图 4-3 所示。

在大型机计算时代，大型机是计算行业的中心范式，IBM 是当之无愧的领导者。传言在 1943 年，IBM 的董事长托马斯·沃森曾胸有成竹地说："5 台计算机足以满足整个世界市场。"不过，IBM 并没有因此放弃在计算领域的探索与创新。1946年，IBM研发出了采用真空管电路的603型电子乘法器，其加法和乘法运算速度是之前产品的5倍。1948年，IBM研发出了可选序列电子计算器（Selective Sequence Electronic Calculator，SSEC），作为第一款可修改存储程序的计算机，其计算能力、处理速度、存储空间以及可编程性都得到了大幅提升。

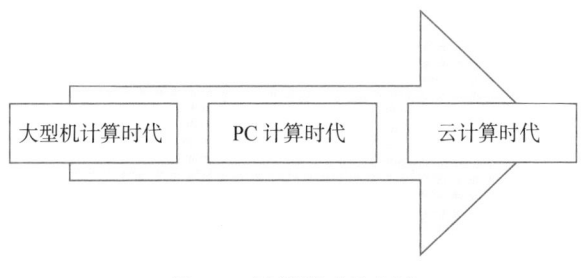

图4-3 计算模式的变迁

1956年，小汤姆·沃森成为IBM的掌门人。在晶体管、磁性存储等新技术不断涌现的时期，IBM研发出了S/360大型机，它是世界上第一个采用集成电路的通用大型机系列，兼顾了科学计算和事务处理两方面的应用，能与各种机器相互兼容，并能满足用户的各种需要，可以说是一个"全能手"。S/360是IBM有史以来最具革命性的产品之一，它改变了计算机的发展进程，开启了一个新的运算时代。从美国"阿波罗登月计划"的成功到全球商业模式的变革，都离不开S/360大型机的功劳。

当时代的列车驶入20世纪80年代，大型机逐渐被PC所取代，计算模式进入了PC计算时代。在这个时代，微软是绝对的王者。当时，微软创始人比尔·盖茨曾为公司提出一个明确的使命："让每个家庭的桌上都有一台计算机。"

微软的 Windows 图形化操作系统真正奠定了计算机向个人应用发展的基础，它完全改变了计算机面对的使用人群，将 PC 带上了发展的高速公路，也使 PC 计算走入了人们的日常生活。

在其后 20 多年的时间里，随着 PC 的普及，计算模式在企业应用和消费应用方面都发生了很大的改变。

在早期的大型机计算时代，计算能力是"集中"的模式，大型机通过封闭和专有的并行计算架构集中了所有计算。而在 PC 计算时代则是分布式计算，计算能力分布在每一台 PC 上。但到了 21 世纪初期，当"云计算"的概念开始兴起时，计算能力又逐渐走向集中。

在 2006 年的搜索引擎战略大会（SES）上，时任谷歌首席执行官埃里克·施密特首次公开使用了"云计算"（Cloud Computing）的概念。不过，最早推出云计算服务的却是亚马逊。就在同一年，亚马逊推出了 S3、SQS 及 EC2[一]等云服务，利用虚拟化这种经典的系统软件技术使得计算资源可以像水、电一样方便地提供给公众使用，由此正式宣告现代云计算的到来。

但这一阶段只是云计算的萌芽期。从行业的视角来看，2008 年才是真正意义上的云计算元年。在这一年，当亚马逊的云计算服务得到业界和大众的广泛认可后，越来越多的行业巨头注意到这个全新

[一] S3，即基于云的线上存储服务；SQS，即基于云的软件组件之间发送、存储和接收消息服务；EC2，即基于云的虚拟服务器服务。

的市场，各种公有云^㊀产品如雨后春笋般涌现：微软在这一年推出了 Windows Azure（后改名为 Microsoft Azure）的技术社区预览版，正式开始微软众多技术与服务托管化和线上化的探索；谷歌也在这一年推出了 Google App Engine 的预览版本，通过专有 Web 框架允许开发者开发 Web 应用并部署在谷歌的基础设施之上，这是一种更偏向 PaaS 层面的云计算进入方式；阿里云也是从这一年开始筹办和起步的。从 2008 年开始，云计算的时代大幕缓缓拉开，众多巨头入局，市场竞争日益激烈，与此同时，云计算的概念也逐渐清晰。

在云计算时代到来之前，对企业的信息化来说，IBM、Oracle、EMC、英特尔等是无法绕开的几个名字。这些行业巨头统治 IT 市场长达 20 多年，以一种类似"商业税"的方式持续地向使用它们的产品和服务的企业收取服务费。它们提供的服务的确给企业的信息化带来了技术上的便利，但也因其高昂的价格、滞后于业务变化，成为压在企业身上的一座大山，给企业带来沉重的负担。而在云计算时代，云计算服务的普及不仅为用户提供了灵活的经济性，还提供了一种泛在的可连接性。任何计算设备只要连上互联网，就能通过 TCP/IP 协议彼此互通。

在这一时期，一些有预见性的企业已经开始拥抱云计算，流媒体播放平台 Netflix 就是早期利用云计算的实例。

> Netflix 每月的视频访问量超过 10 亿次，但它没有建立自己的数据中心。从 2009 年开始，Netflix 购买了亚马逊的

㊀ 公有云通常指第三方提供商为用户提供的能够使用的云。公有云一般通过互联网提供访问，可能是免费的或成本低廉的。公有云的核心属性是共享资源服务。

云计算服务，到 2012 年 11 月，Netflix 把所有 IT 基础设施都迁移到了亚马逊的云端，确保用户无论使用移动设备还是浏览器都能快速浏览视频。

通过云计算，Netflix 使自己的 IT 架构一直保持着高度的敏捷性与可用性[1]，比如，只需几天就能发布新功能代码，只需几分钟就能配置并启用新的硬件。Netflix 在公有云上构建了互联网上占用带宽最多的流媒体平台，并快速成长为颠覆传统电视行业的互联网巨头，这一切，都离不开其云计算架构的成功。

与此同时，云计算也成为一种基础设施。基于云计算，很多行业有了全新的发展，比如 GPS（Global Positioning System，全球定位系统）。GPS 是以人造地球卫星为基础的高精度无线电导航定位系统，而有了云计算后，GPS 逐渐向智能定位服务方向发展。由于云计算技术提供了更快的响应速度和更强的计算能力，GPS 能更快速地处理位置数据并提供更准确的定位信息。并且，云计算技术能有效地处理数据和提取信息，可以帮助 GPS 实现更多、更复杂的位置特定服务，如个性化推荐、社交媒体互动、自动驾驶车辆等。同时，云计算技术的强大处理能力和存储能力，也使 GPS 能支持更多的设备、更多的用户和更多的应用场景，具有更高的可扩展性和适用性。基于云计算的 GPS 服务被广泛应用于交通运输、商业地产、安防监控、社交网

---

[1] 可用性是根据某段考察时间内，设备或系统能够正常运行的概率或时间占有率期望值，衡量设备或系统在投入使用后的实际效能，是综合反映设备或系统的可靠性、可维护性和维护支持性的指标。

络等领域，为人们的生活带来了更大的便利和更好的体验。

当各大巨头纷纷确立了向云计算进军的战略后，云计算进入了繁荣发展的时期。随着云平台的成熟和各式终端设备的出现，云计算的重心开始从提供云设施向着为云应用提供支撑转移，满足复杂多样的应用需求成为云计算的一个关键点。这一时期，很多公司在产品技术层面进行了很多有益的尝试，云服务的能力与质量都获得了相当大的提升，这为云计算赢得了越来越多的关注和喝彩。

在过去十年里，中国云计算走上了一条辉煌之路。中国成了全球云计算增长最快的市场之一，保持着30%以上的年均增长率。中国的云计算市场出现了百花齐放的态势，很多企业如阿里巴巴、百度和华为等都在云计算领域做出了卓有成效的实践并逐步加大投入，阿里云、腾讯云和华为云还跻身全球云计算排名前十的行列。

云计算与PC、互联网一起被认为是历史上最重要的三次信息技术变革。如果说蒸汽机和电力的问世引发了人类历史上的两次工业革命，那么如今脱胎于互联网、被称作"革命性计算模型"的云计算，正在成为推动人类社会发展的核心动力。

云计算领域的发展是如此迅猛，以至于我们难以预测未来十年会发生什么。当下已经呈现的云计算市场发展趋势如下：

存储和计算的成本将会持续下降，对这些资源的需求量和使用量会同步增长。因为世界范围内的计算服务还有大量未能转移到云计算环境中，未来十年基础云服务的算力还会大量释放，服务价格会不断降低。

前沿技术将持续融合到云计算平台，包括量子计算、AR/VR、区块链等技术，尤其是那些依赖海量数据计算能力和弹性计算资源的应用，云计算是成就它们更快成长速度的轨道。

云、人工智能、5G以及物联网等技术的融合发展和应用，在未来将为企业的智能化升级注入新的动力。云正在从计算力，扩展到大数据、人工智能、物联网、安全等领域，并且与未来的制造业升级和中国经济转型紧密结合。

多云（或称混合云㊀）将会成为企业长期应用的环境，云计算用户将综合使用边缘云㊁、各个云计算服务商提供的服务以及自有IT设施。

云将走向边缘。作为中心云的一种延伸，边缘云会把云的部分服务或者能力（比如存储、计算、网络、人工智能、大数据、安全等）扩展到边缘基础设施上。中心云和边缘云相互配合，实现中心－边缘协同、全网算力调度、全网统一管控等能力，真正实现"无处不在"。

云计算开发技术栈会变得越发复杂，这将使得应用开发领域的分工更加明确。面向终端用户的应用开发将变得更加简便高效，应用生成的方式会越来越多元。

而最重要的一个趋势是云原生。云原生带来的系统性、颠覆性变革将重塑云计算生态，为云计算带来新的发展空间，释放巨大的云计算红利。

从大型机计算时代到云计算时代，计算模式历经几十年的发展变

㊀ 混合云融合了公有云和私有云，是近年来云计算的主要模式和发展方向。
㊁ 边缘云是分布在网络边缘侧，提供实时数据处理、分析决策的小规模云数据中心。

迁，在不知不觉中影响了每一个人、每一个组织，也带来了社会和经济的蓬勃发展。技术发展的脚步并未停息，云计算正马不停蹄地迈向"2.0 版本"——云原生。

"生在云上，长在云上"

美国经济学家马克·莱文森（Marc Levinson）在他的著作《集装箱改变世界》中讲述了集装箱的发明史。这个像铁罐头盒一样的箱子看上去构造很简单，但它对海运的巨大影响，与亨利·福特的生产流水线对工业生产方面的影响如出一辙。集装箱使货物得以标准化装卸和运输，使得铁路运输、公路运输以及海洋运输等各种运输方式被整合到一个运输系统中，货运的效率和速度大大提升，安全性也得到了充分保障，更重要的是，货运成本大幅下降。由此，货物运输进入现代化阶段，货物贸易体系被彻底重塑，世界经济从此开始蓬勃发展，不同国家的生产和消费被紧密地联系在一起，这大大推动了全球一体化的进程。所以，《经济学家》杂志评价说："没有集装箱，就没有全球化。"

如今，在信息技术领域，云计算的出现和发展促使数字世界的"全球化"得以实现，而云原生则如同一场新的集装箱革命，引发了 IT 基础设施的创新变革。

为什么说云原生是一场"集装箱革命"？

如果我们将互联网看成数字世界里的海运航线，那么，应用软件就是在这个航线上不断穿梭的"船只"，而这些应用软件中的数据，就是船只里装载的"货物"。在传统 IT 架构中，每家企业都需要建造自己的"船只"来运输"货物"，而且，这些"船只"（也就是应用软件）都要配备具有计算、存储、网络等完善功能的 IT 基础设施，这导致企业的 IT 成本高企。

云计算出现后，一些专门提供云计算服务的大型服务公司应运而生。它们就像是"货运公司"，推出了一些大规格的"标准化船只"，给其他企业提供了另一种选择——不用自建"船只"，而是将"货物"通过这些"标准化船只"进行运输。

这种集装箱式的"货运"需要与之相适应的应用开发架构和运维管理模式，于是，云原生的概念产生了。

关于云原生的定义，可谓众说纷纭。这是因为，云原生是一个颠覆性的新兴概念，尚没有确切的定义，而且由于它一直处于高速的发展变化中，它的定义在不断地迭代和更新，不同的社区组织或公司对云原生也有着不同的理解和定义。

开源软件公司 Pivotal 是云原生应用架构的先锋。2013 年，这家公司的高级产品经理马特·斯泰恩（Matt Stine）最先提出了云原生的概念，这是他根据自己多年的架构和咨询经验总结出来的一个思想集合。2015 年，马特·斯泰恩出版了新书《迁移到云原生应用架构》，提出了云原生应用架构的主要特征：符合 12 因素（包括基准代码、依赖、配置、后端服务等）、面向微服务架构、自服务敏捷架构、基于 API 的协作和具有抗脆弱性。经过不断完善，如今 Pivotal 官网对云原生的定义已经提炼为四个要点：DevOps、持续交付、微服务、容器。

除了为云原生的提出和发展做出重要贡献的 Pivotal 公司，另一个不得不提的是云原生技术的推动者——云原生计算基金会（Cloud Native Computing Foundation，CNCF）。

CNCF 是谷歌作为发起方联合 Linux 基金会于 2015 年 12 月 11 日创立的，在云原生领域，它是影响力最大、最有话语权的组织。它致力于培育和维护一个厂商中立的开源生态系统，来推广云原生技术。截至 2024 年 5 月，基金会成员数量已接近 800 家，其中包括亚马逊、微软、思科等巨头。

CNCF 对云原生的定义是："云原生技术有利于各组织在公有云、私有云和混合云等新型动态环境中，构建和运行可弹性扩展的应用。云原生的代表技术包括容器、服务网格、微服务、不可变基础设施和声明式 API。这些技术能够构建容错性好、易于管理和便于观察的松耦合系统[⊖]。结合可靠的自动化手段，云原生技术使工程师能够轻松地对系统做出频繁和可预测的重大变更。"

根据这一定义，云原生可以被看成一系列用于构建应用程序的技术的统称。利用云原生技术就能研发出可弹性扩展的应用程序，这些应用程序能在各种环境中运行，比如私有云、公有云、混合云等新型动态环境。

从某种意义上来说，云原生其实是一套根植于云的技术方法体系，用于在云端开发、部署、运行和维护软件应用，其最核心的假设

⊖ 松耦合系统通常是基于消息的系统。在这种系统中，客户端和远程服务并不知道对方是如何实现的。客户端和服务之间的通信由消息的架构所支配。只要消息符合协商的架构，客户端或服务的实现就可以根据需要进行更改，而不必担心会破坏对方。

和最大的愿景就是"未来的软件一定是生长在云上的"。云原生中的"云"（Cloud），代表应用软件不是放在传统的 IT 基础设施中的，而是放在云端的，而"原生"（Native）代表的则是应用软件从最初设计的时候就适应于云的环境，采用云端的技术，充分利用云平台的弹性伸缩和分布式特点，最终也是在云端实现了高效、稳定、安全的运行。所以，云原生使软件天然就"生在云上，长在云上"，并且采用了一种全新的软件开发、交付与运维模式，从而使云的能力得到最大限度的发挥。采用基于云原生的技术和管理方法，企业可以更好地把业务生在"云"上或迁移到云平台上，从而享受"云"的高效和持续的服务能力。

在数字化的今天，云原生产业保持着强劲的发展态势，云原生的概念已经得到了社区、企业和市场的广泛认可，云原生的一些热门技术也已经在众多的行业和领域中有了许多实践的案例。越来越多的企业愿意将技术架构朝"云原生"演进，神州数码也在 2021 年 8 月举办的"Tech 数字中国 2021 技术年会"上发布了与云原生相关的技术战略。企业加速拥抱云原生，带来的是整个云原生生态体系的越发完善。

抓住机遇，乘云而上

近些年，云原生市场规模在大模型、算力等需求的刺激下，呈现出稳定且高速增长的趋势。根据 Gartner 统计，2023 年全球云计算行业的市场规模已经达到了 5864 亿美元。在数字经济大潮下，传统行业的数字化转型成为云原生产业发展的强劲驱动力，数字基建带来的万亿元级资本投入，也将在未来几年推动云原生产业的发展迈向新阶段。

与云原生有关的技术术语层出不穷，技术产品不断推陈出新。在云计算兴起之初，应用开发环境还比较简单，当时还有"全栈工程师"，这意味着如果不考虑开发周期这一因素，一个人就能完成整个应用软件的研发。然而，现在这个称谓已经名不副实了，很少再有一个人，甚至一个企业能够全面掌握和云原生有关的所有技术栈。即使是云原生技术的应用者，要想全面地了解与云原生有关的技术，做到合理架构、恰当选型、顺利完成集成开发和部署的全过程，难度也比过去更大。正因为如此，大多数企业必须广泛依赖云计算平台提供的服务。这为软件行业的解决方案提供商带来了新的市场机会。谁能为数字化转型企业提供友好的应用开发和部署环境，谁就能够获得和保有客户。

如今，有一批企业已经抓住机遇，乘云而上，实现了弯道超车。

1. 起始于云的行业颠覆者：Salesforce

Salesforce创立于1999年2月，它提出了"软件即服务"（SaaS）的概念，是SaaS企业的"鼻祖"。2020年7月，Salesforce市值第一次超过数据库软件公司Oracle，这是SaaS发展史上的一个重大里程碑。

对于传统的软件工具，企业除了购买软件本身，还需要购买、构建和维护相应的IT硬件设备。SaaS的出现为企业提供了另外一种解决方案，借助SaaS平台，企业只需要通过网络注册使用账号，并在自己的设备上进行一些简单的设置，即可启用所需的软件服务。

Salesforce的创新不只在于产品，还在于其独特的商业模式。

Salesforce 想让软件成为像水、电、气一样的基础设施，因此，它启用了简单的订阅式服务。这一创新使得企业服务乃至整个软件市场都发生了天翻地覆的变化，从此以后，软件光盘变成了包月包年的 SaaS 服务，专人销售模式也变成了低成本的在线订阅商业模式。这种迭代不仅简化了内部管理架构，大幅降低了服务价格，同时也将企业用户的固定资本投入转化为了运营性投入。

Salesforce 发布了多款具有开创性的产品和服务，比如 Force.com、AppExchange、Apex、Salesforce1、Trailhead 等。其中，AppExchange 被评价为"改变商业软件的一项服务"，因为它为合作伙伴提供了一个可以开发和分发应用程序的平台，并向所有 Salesforce 客户开放，《商业周刊》称其为"商业软件的 eBay"，《福布斯》称其为"商业软件的 iTunes"。

在过去 20 年的发展历程中，Salesforce 创建了一个由管理员、开发人员、顾问和客户组成的生态系统，不断颠覆创新 CRM（客户关系管理）。通过产品的不断更新和生态系统的日益拓展，Salesforce 将"云服务"的概念传递给世界，并为软件市场带来了全新的商业模式。Salesforce 由此成为现代社会必不可少的一个数字化基础设施，成了无数行业甚至全社会的共享平台。

2. 云原生造就的迄今为止最大规模融资：Snowflake

有一句谚语叫作"不要重新发明轮子"，这句话在互联网开发领域广为流传，意思是在已经成熟的解决方案上不必再投入精力。然而，当新旧时代交接，新认知带来新技术时，这句话就不适用了。

2020年9月，云计算公司Snowflake上市，创造了当时史上规模最大的软件业IPO募资案例。这家公司的业务是看起来并不鲜见的数据仓库，其市值的暴增很大程度上意味着资本开始押注云原生的未来。

Snowflake的发展历程，既是云原生技术体系逐步实现商业化落地的过程，也是以其前CEO弗兰克·斯鲁特曼（Frank Slootman）为代表的几位商业奇才和技术天才长达数年不懈探索的过程。它的成功，看似偶然，实际上却是一种必然。其秘诀就在于以数字时代的认知，提供了与时代匹配的技术架构。

在数字时代之前，"降本提效"从来都是当企业发展到一定规模后才会考虑的事情。而在数字时代，企业面对的用户需求在不断变化，数据在不断积累，组织边界逐渐模糊，即便按SaaS模式，数据仓库之类的系统级软件也通常需要按固定年费提前支付。尤其对于需要快速迭代的成本节省型产品，由于无法量化后续的使用程度或深度，客户难以衡量投入产出比，所以仍会造成一定的使用门槛。

斯鲁特曼认为这是不平等的——收费被前置，效果却被后置；使用过程不透明，成本无法量化。而Snowflake的存在就是为了改变以上这些"黑箱"问题。

因此，Snowflake创造了一种全新的商业模式——将客户的数据作为资产模型进行管理，客户不用再提前支付一笔固定年费，平台将根据客户在使用过程中实际使用的计算和存储资源进行结算，从而实现了数字化的成本可测。基于对单位资源使用的真实统计，客户得以将其与传统模式下各个环节的投入进行对比，最终获得与报告中一样精准的投资回报率，这实现了数字化的回报可测。而能够支撑更为真实的"按需付费"模式的背后，是全新的产品设计和技术架构——云原生。

弹性扩展、动态扩容是云原生技术的两个典型特点。这些特点使得 Snowflake 的价格更便宜、扩展更灵活、分享更容易，并因此赢得了客户的青睐，也赢得了市场的肯定，创造了令人瞩目的成绩。

3. 云原生下的神州信创云

随着数字科技的发展，传统的 CPU 架构受到了极大的挑战，ARM、RISC-V 等新的架构不断涌现，它们不仅更开放、成本更低，而且具有更广阔的应用空间。为此，我们在构建企业云和公有云的过程中，既要兼容传统的架构，又要为未来的发展创造更大的可能，这就需要我们在异构环境下实现云的一体化，打造支持异构 CPU 的多云管理平台。而云原生的出现，让多云管理平台的构建成为现实。

神州信息打造的神州信创云就是一个典型的多云管理平台。基于数据资产共享、用户连接、数字原生场景构建、数据驱动的自组织等数字时代的新认知，神州信创云为广大企业提供了具有自主知识产权的、基于信创的、全栈自主可控的云原生技术栈。

神州信创云具有强底座、全能力、专服务、贴业务的"1162N"能力特点：1 底，即一个强大的云数据中心底座；1 云，即一个容器云及公共服务平台；6 全，即六种全面应用及数据支撑能力；2 专，即两类专业的云服务及云管理服务；N 贴，即贴近 N 种业务场景，赋能数字化转型。

具体来说，神州信创云由四部分组成。第一部分是能力底座，提供基于云原生的、软件定义的数据中心的框架。我认为，能够面向各行业数字化转型提供一个安全可靠的底座，是数字化服务企业提供各类云数据中心服务的核心基础。这个能力底座使神州信创云具有更多功能，比如：面向信创产业，它可以提供信创云的服务；面向其他各个行业，它可以提供专有云的服务。同时，我们还利用既有的、成熟的数据中心所具备的设计、集成、运维能力，确保数据中心的高水平和高安全。能力底座"稳"了，在上面跑的应用才能"顺"。

第二部分是能力杠铃，通过各类工具使国资云或企业的混合云资源得到统一管理，从而实现数据资产的有效管理。这里的"杠铃"是一个很形象的比喻，中间的"杠铃杆"是容器云平台，支持国产芯片和操作系统，提供开箱即用的公共服务，比如开源的中间件、数据库和优秀的软件服务；"杠铃"的两端，一端是云服务，包括云的咨询、建设、迁移、运维、运营等服务；另一端是管理服务，包括混合云管理、自动化编排、一体化运维、多云计费和服务台等管理功能。如果说第一部分能力底座是神州信创云的基础，那么第二部分能力杠铃就是神州信创云的软基础，后者对第三部分能力中枢起到了充分的支撑作用。

第三部分是能力中枢，汇聚了诸多分布式应用，使业务数字化。能力中枢包含六种核心能力与服务。一是分布式应用数据的支撑服务，包括分布式调度、微服务、全自动化测试等；二是大数据服务，包括获得国家一等奖的燕云 DaaS 大数据开采融合平台，以及智能分析、存储分析和安全数据脱敏等相关的数据服务；三是 AI 服务，能提供认知和感知能力；四是 IoT 服务，能提供物联网的感知和管理能力；五是价值互联网区块链服务；六是全域安全服务，包括移动网络安全、数据库审计、量子密钥分发等服务。这六方面基本覆盖了当前大数据应用的主流需求，可以帮助用户快速、有效地实现企业核心资产的数字化。

第四部分是能力市场，这是整个神州系应用的生态市场，神州系的所有产品和解决方案都放在这个市场里，客户通过这个市场可以找到合适的方案。

拥抱云原生，贴近云端，将是未来"面向企业市场"赛道持续火热的话题，也是数字技术实现跨越式发展的良好时机。赶超，必须从未来看现在，而不是模仿或跟踪。只有颠覆式创新，才能真正实现独立自主的技术发展路线，解决"卡脖子"问题。神州信创云是我们现阶段交出的答卷，这张答卷还在持续地丰富和完善，我们将会继续构建基于云原生技术的产品，提升技术及服务能力，增强在云原生领域的竞争力，成为更好的数字化服务企业。

软件正在重新定义世界

软件赋予硬件灵魂

与传统的数字化方式相比，通过云原生的方式来推动企业的数字化转型，不但更便宜，而且更高效，这是云原生快速普及的一个重要原因。而云原生的蓬勃发展，为 IT 世界带来了一个巨大的改变，就是用"软件定义世界"的思维模式推动数字经济的发展,从而使"软件定义"逐渐取代"硬件定义",成为万物互联的基础,使人类迈进"软件定义"的新天地。

"软件定义"(Software-defined)最初的含义是用软件去定义系统的功能,用软件给硬件赋能,实现系统运行效率和能量效率最大化。然而,到了数字时代,其含义发生了根本性的变化。

要认识这种变化,我们要从软件开始讲起。

从宏观层面看,在人类的发展历程中,数字抽象化具有里程碑意义。正是因为有了从羊群、土地等具体概念到数字、定理等抽象概念的转化,世界才变得更加简单,更加易于理解。数字抽象化呈现出不同的形态和名称,贯穿了各行各业的发展史。正因为如此,毕达哥拉斯笃定世界的本质是数学,构成数学的数字有着无穷之美。

而数字抽象化得以发展的基础,是信息、认知、经验的处理、融合、传递和交换。计算机科学教授梅拉妮·米歇尔(Melanie Mitchell)指出:"简单明了的物理学世界只存在于教科书之中,我们面对的是一个纷繁复杂的世界。"纷繁复杂的物理世界中存在着无限的公式、定理与规律,数字让人眼花缭乱,人类在面对海量数据时更是手足无措。黑暗之中闪现出一道光芒——软件,成了人类认识复杂世界的工具。数据是无序的,软件逻辑是有序的;数据是发散的,软件逻辑是收敛的。以软件为工具,人类可以将自身对世界的认知不断延伸。

什么是软件?计算机系统是由软件和硬件组成的,硬件是人们看得见、实际操作的机器设备,软件伴随硬件而产生,是一系列按照特定顺序组织的电脑数据和指令，是用户与硬件之间的接口界面，用户主要通过软件与硬件进行交流。我们可以用计算机做很多事情，但无论是计算、组织管理、工程设计，还是听歌、玩游戏，都是在软件的驱动下进行的。软件赋予了硬件"智慧和灵魂"，帮助人们更方便、更高效地使用计算机。如果没有软件，计算机就会变成一堆毫无用处的机械设备。

早期，为了适应大规模生产的需要，也为了降低制造的复杂度和成本，产品的很多功能都固化在硬件里，其主要业务逻辑是在硬件中实现的，我们可以将这种方式称为"硬件定义"。在硬件定义的产品中，软件发挥的作用是辅助性的，并且完全依赖于硬件提供的接口。在这一时期，产品的功能从来都是由设计工程师开发设计出来的，消费者只能全盘接受并适应，很少有话语权。

实际上，软件不只具有"辅助"属性，还具有更重要的"控制"属性。早期，软件只发挥辅助性作用，是因为作为载体的硬件只包含显示器、打印机等外部设备，软件运行的结果通常只需要以数据、影像或者声音等形式由硬件显示出来，并不要求形成"闭环"，也就是说只要能满足辅助人进行决策的需求就算是完成使命了。

随着多样化、个性化定制需求的日益增长，以及云计算对更加智能、更加灵活的自动化的要求出现，硬件定义的方式已经无法满足消费者的需求，因此逐渐被淘汰。相应地，由软件来操控硬件资源的需求越来越多、越来越广。而硬件的发展也使软件有了更多用武之地——随着工业化水平的不断提高，硬件范畴逐渐拓展到所有与计算机连接的工业设备，这使得软件有了充分发挥控制作用的基础。当软件被用来驱动工业设备时，工业设备的每一个细微动作都会被其感知到，并通过传感器进行反馈，然后软件根据工业设备"此时此刻"的工作场景进行实时计算，根据内嵌的机理模型或推理规则进行决策，从而给出工业设备下一步的最优化、最精准的动作指令。

这个从硬件定义到软件定义的转变过程，在很多工业设备的升级换代中都有所体现。比如，早期的空调里面也有软件，但相对固化，不提供或者只提供非常少的接口，缺乏灵活性。那时，我们只能控制开关、设定温度。后来，空调的软件又出现了更多的选择，如对风速、风向等功能的设定。而到了智能家居时代，通过向应用软件开放空调的编程接口，我们能在回家之前就借助手机开启并设置空调参数。

就这样，软件定义取代了硬件定义，并逐渐发展成为工业设备的"大脑"。软件可以不依赖于人的决策而进行全流程的计算，并通过这些计算来驱动硬件，为硬件赋能，使硬件具备多样化的、不断演进的功能和效用。

从传统手机到智能手机的进化，充分体现了软件定义的魅力。过去，手机只是一个功能简单的通信工具，最主要的功能是打电话、发短信，虽然有显示屏，但只能显示通讯录、短信、设置等少数信息。随着软件定义的兴起，手机实现了飞跃性发展——从诺基亚引领的功能机时代进入了由 iOS 和安卓支撑的智能机时代。安装了各种软件的智能手机不再只是一个通信工具，而是变成了一个移动的多媒体中心：游戏类、音乐类和视频类软件使其具备了娱乐功能，微信等社交软件使其具备了社交功能，淘宝、京东等购物软件使其摇身一变成为

"掌上商城"，腾讯会议、钉钉等移动办公软件又使其成为工作处理平台。

软件定义不仅改变了手机这种产品，也为整个手机产业带来了巨大的变化。过去，手机产业是一门纯粹的硬件生意，只有生产制造手机硬件的厂商才能从中赚取利润。而在软件定义时代，软件和服务也实现了商业化，从硬件的生产制造到软件和服务的提供，整个产业链的参与者都可以分一杯羹，各个细分市场的规模也都出现了指数级增长。

到了数字时代，软件定义不再只是以硬件为对象，而是逐渐发展为一种以软件为中心的设计方法，它不仅对工业设备发挥着"定义"作用，还深入到更多领域。比如软件定义的数据中心，是迄今为止在云计算基础架构方面最有效、恢复能力最强、最经济高效的方法。通过对存储、网络连接、安全和可用性等方面的抽象化、池化和自动化处理，整个数据中心由软件自动控制。基础架构提供的服务由此聚合起来，并与基于策略的智能调配、自动化和监控功能结合在一起使用。应用编程接口和其他连接器支持无缝延展到私有云、公有云和混合云平台。

现在，软件定义已经呈现出迅猛发展的态势，融入了工业发展以及经济社会发展的各个环节，并因此受到了越来越多的关注与重视。2021年11月30日，工业和信息化部发布了《"十四五"软件和信息技术服务业发展规划》，"软件定义"第一次被纳入国家发展规划，并得到了高度认可："'软件定义'是新一轮科技革命和产业变革的新特征和新标志，已成为驱动未来发展的重要力量。软件定义扩展了产品的功能……赋予了企业新型能力……赋予基础设施新的能力和灵活性，成为生产方式升级、生产关系变革、新兴产业发展的重要引擎。"

网景公司创始人、风险投资家马克·安德森（Marc Andreessen）曾经提出了一个著名的观点："软件正在吞噬世界。"在他看来，软件无处不在："越来越多的大型企业及行业将无法离开软件，网络服务将无所不在，从电影行业、农业到国防领域。许多赢家将是硅谷式的创新科技公司，它们正在颠覆已经建立起来的行业结构。在未来十年里，我预计将有更多的行业被软件所颠覆。"如今，他的观点已经成为现实。

软件定义一切

现在，我们已经逐渐步入一个软件定义的时代。

软件定义网络（Software Defined Network，SDN）通过将数据与控制相分离，使IT团队可以通过软件编程的方式对网络进行动态灵活的控制，打破了传统网络设备的封闭性，使网络变得更加开放、标准、低成本，让人们能够更加便捷、高效地使用网络资源。它带来的是网络领域的根本性变革，极大地推动了下一代互联网的发展。

软件定义存储（Software Defined Storage，SDS）通过将软件从原有的存储控制器中剥离，使软件的功能可以得到更充分的发挥，而不受物理系统的限制。它还能通过软件进行部署和管理，使数据中心里的服务器、存储、网络以及安全等资源得到更合理的分配。有了SDS，混合云、数字化转型等工作就有了必要的灵活存储基础。

软件定义计算（Software Defined Compute，SDC）通过将硬件中的计算功能虚拟化和抽象化，实现了硬件资源与计算能力的解耦。它将计算能力以资源池的形式提供给用户，并根据应用需要灵活地进行计算资源的配置，从而实现只需在管理上投入很少的精力就能驾驭网络。

软件正在重新定义这个世界，重新定义所有我们能想到的东西。未来的世界将变成一个软件定义的世界，变成一个人、机、物融合互联的世界。

在这个崭新的世界里，固有格局会被彻底打破，各行各业都会出现颠覆性的改变。现在，我们已经亲眼见证，软件定义正在改变汽车产业。

过去，汽车是一个硬件定义的工业化产品，人们在谈到汽车产业的时候经常会用"传统"和"落后"这样的形容词。当其他产业进入日新月异的智能化时代时，汽车产业的创新却仿佛走进了死胡同，仍然停留在"电子定义汽车"的阶段。然而，特斯拉却用软件定义的逻辑，赋予了封闭的汽车产业新动能，使汽车产业开始了互联网化、智能化的转型。

> 特斯拉走的是一条与传统汽车制造企业完全不同的、从未有人走过的路。特斯拉希望制造的是由软件定义和数据驱动的智能汽车，因此，它将软件视为汽车生产的核心，必须进行自研。其核心软件，如电池管理、电控系统、自动驾驶系统等都是由自己定义架构、自主开发、快速迭代的，在特

斯拉的团队中有很多软件架构师和开发高手。除此之外，其他部分尽可能采用与外部企业合作的方式生产。

最能体现特斯拉汽车智能化水平的是其自动驾驶功能。马斯克利用第一性原理对自动驾驶进行思考，他认为，既然人类可以利用眼睛和大脑驾驶汽车，那么，如果给汽车配置视觉设备和运算系统，汽车应该可以实现自动驾驶。于是，马斯克投入了极大的精力来进行自动驾驶技术的研发，并且果断地采用快速纠错、快速迭代的渐进式打法。

为了能实现更高效的迭代，特斯拉自研的 Autopilot（自动辅助驾驶系统）在刚开始设计时就明确了一个原则——"硬件先行、软件更新"。硬件通常两三年才会更新一次，相对来说，软件的更新频率非常高，经常一两个月就进行一次升级换代。以特斯拉 Model 3 为例，这款车虽然早就安装了支持 L3 级以上自动驾驶的硬件，但即便购车者花钱选装了完全自动驾驶模块，其功能也并不是全部解锁的，而是需要随着算法的优化，以在线升级的方式不断完善。

现在，通过 Autopilot，特斯拉可以实现自动泊车、自动辅助变道、自动辅助导航驾驶、智能召唤、识别交通信号灯和停车标志并做出反应，以及在城市街道中自动辅助驾驶。当然，特斯拉的智能体验不止于此。有人说，特斯拉汽车就是汽车产业中的"iPhone"，特斯拉的购买者拥有的是一台越来越聪明的汽车，相比于随着时间的推移不断丧失价值的绝大多数传统汽车，这种智能汽车能始终维持高价值。

作为软件定义汽车的"引路人",特斯拉为汽车产业带来了很多颠覆性的改变。首先是商业模式的改变,过去传统汽车厂商卖的是车,而现在智能汽车厂商卖的不光是车,还有软件和服务。软件越来越多地参与到汽车的设计和开发中,同时还将贯穿用户的整个用车周期。或许有一天,软件和服务收费会成为汽车厂商最核心的商业模式。其次是评价标准的改变。过去,人们在评价一辆车的时候,看重的是性能、油耗、外观、内部空间等指标,但在软件定义时代,人们更关注的是它的自动驾驶、人机互动等用户体验。因为定义汽车价值的已经不再是传统的技术与性能指标,而是以人工智能为核心的软件技术。最后是汽车厂商角色的改变。过去,传统汽车厂商只是单纯的制造商,而现在,越来越多的汽车厂商开始向移动出行服务供应商转型。

这就是软件定义的力量。不只是在汽车产业,在很多领域,软件定义都成了一个重要推手,极大地提高了各个领域的数字化程度和整个社会的数字化水平。

比如,在物联网领域,过去占据主流的是智能化的单品,但随着软件定义的兴起,智能生态和全屋智能已经成为一种必然趋势。企业与用户之间不再通过单一硬件的功能进行连接,而是有了更丰富的形式,如通过数据和算法打造个性化的场景。软件定义使这些企业的价值链得到了极大的延伸。

再比如,在工业领域,云计算、大数据、区块链、人工智能等数字技术已经走进了产业深处，形成了一套套软件化、可移植、可复用的行业解决方案。如今，"先进制造"早已不是一味地采购最新款的硬件设备，而是通过软件定义让企业更大幅度地提高效率，创造更高的价值。

我们的思路甚至不应只局限于生产制造领域。正如钱学森所倡导的"软件是文化"，软件不仅定义了产品，定义了企业，更定义了我们的生活方式。智慧社区、智慧交通、智慧城市等新物种的不断涌现，将会让我们更全面地感受到软件定义的魅力，让我们走进一个可编程社会。

未来社会：一切皆可编程

一些物联网企业认为，未来的世界一定是万物互联的，因此需要万物可管、万物可视。但为什么要万物互联？很多企业并没有认识到背后的深层原因：万物互联的数字化世界能实现更快、更好的资源配置。物联网其实是要将所有的现实资源都变成计算机的外设，最终能像云计算一样实现高效、动态的资源配置。

当这一演进最终完成后，人类社会将进入可编程社会的新纪元。到那时，程序就会像空气一样，成为整个社会的必需品，流通货币和经济运行都将依托程序和智能合约来进行。

"可编程"其实并不难理解。过去，很多东西都是不能编程的，比如椅子、衣服等。而数字技术的发展使这些物品可编程了，它们能自动地做一些事情。比如，椅子可以有记忆功能，能记住用户的最佳座高，并在用户临时调整后自动恢复；椅子还可以根据季节自动调节温度，夏天的时候自动降温，冬天的时候自动加热，为用户提供更好的体验。

除了物品，货币也可以被编程。比如，人们在淘宝购物时，往往会用支付宝进行支付，但在我们下单支付时，这笔钱并没有进入商家的账户，而是暂存在支付宝里。当我们确认收货时，这笔钱才会自动拨付给商家，这也是一种编程。这种方式并没有使货币本身发生变化，而是通过结算系统和第三方资金托管系统，以及政府的有效监管，确保了货币的安全性。我们也可以这样理解：通过"货币+支付宝+第三方资金托管系统+结算系统+政府监管牌照"这个系统，货币被编程，在使用方式上变得更加智能化。

这种可编程的特性，让人与人之间不必花费时间去建立信任关系就能达成交易，甚至可以基于零信任进行交易。比如，我们现在可以放心地用支付宝、微信进行支付，但不敢用小公司的支付工具，因为担心它无法确保支付安全。而可编程的货币，在编程逻辑上消除了信任需求，因为程序由计算机执行，运行结果可以预先确定，一个人不需要信任另一个人，也可以与他进行交易。

比如，现在我们使用网盘服务要向百度、腾讯这些企业购买，而在可编程社会，可能就会有人开发出一种应用，使我们可以向世界上任何一个人购买硬盘空间。比如，我们向空间供应者的硬盘上传经过加密处理的文件（只有上传者自己才能解密），这种应用就会自动拨款给他。虽然双方并不相识，但他不必害怕收不到钱，我们也不担心他关机。因为所有这些规则都已经基于智能合约进行了编程，他履行了存储责任才能收到报酬，而我们的数据也会被分散存储到可用的硬盘空间，实现容错冗余。

在未来的可编程社会，一切皆可编程，智能的桌子、椅子、汽车都能做出适宜的决策，而且，这些"物"由于内嵌了能够自学习的程序，其行为还会不断调整和完善，变得更加智能，更能满足用户的需求。这些并不是幻想，而是正在变为现实。

从工业时代到信息时代，再到现在的数字时代，当万事万物都通过软件定义被逐一联通和编程时，人类将进入一个"可编程社会"，这一天，或许已经不远。

第 5 章 ◂ CHAPTER 5

数字基建打造
数字经济新动能

基础设施是人类文明的标志,更是人类发展的基石。工业文明时代,以"铁公基"为代表的传统基础设施,充分满足了分工协作生产模式的需求,有力地推动了资本、人力要素的全球化流动,并且催生了工业经济和现代社会形态。而数字时代,数字化基础设施建设(简称数字基建)成为数字经济发展的新引擎,为重构生产关系、发挥数字生产力所蕴含的巨大能量奠定了坚实的基础。

数字基建是连接未来的纽带

基建即文明

　　数字时代的全面来临带来了从数学到数据科学的认知颠覆，带来了企业的数字化转型，带来了以云原生为基石的技术范式颠覆。每个时代都有属于每个时代的基础设施，它们为时代的发展奠定了基石，数字时代同样离不开数字化基础设施的支撑。

　　在数云融合的数字化转型战略中，最外层也是最基础的一层，正是数字化基础设施。我们为什么要将数字化基础设施作为整个数云融合战略的基石呢？畅想一下，10 年后甚至 5 年后，当整个社会实现大规模数字化时，我们赖以生存的基础设施的存在形式、建设运营以及服务方式会发生什么样的改变？我相信，到那时，数字化基础设施一定会成为人与人、人与物、物与物交互的载体，助力实现真正的万物互联。而要把握未来，我们必须从现在开始布局未来。

　　2023 年上半年，在长达四个月的时间里，我对美国和欧洲的一些国家进行了多次访问，与多家企业和学院进行了深入交流。在这段时间里，我切身感受到数字化对全球市场经济发展的改变。例如，在移动支付领域，欧洲的一些国家通过"ApplePay+Uber+PayPal"模式，同样实现了便捷的无现金出行。这让我更加深切地体会到，以云原生为基石的数字科技已经成为现代社会不可或缺的基础设施，同时，也引发了我对基础设施的进一步思考：文明与基础设施之间究竟是什么样的关系？数字时代需要什么样的基础设施？在数字经济的发展过程中，基础设施是如何发挥作用的？

实际上，在人类社会发展史上，文明与基础设施的建设一直是密切相关的，甚至可以毫不夸张地说，基建即文明。

亚历山大图书馆是世界上最古老的图书馆之一，被誉为"人类文明世界的太阳"。它始建于公元前3世纪，是当时世界上最大的图书馆，由托勒密一世开始修建，托勒密二世继续了这一伟大工程。到了托勒密三世，他继续修建图书馆并决心把世界上的所有书籍都聚集于此，为此甚至不惜采取强制获取手段。鼎盛时期，据估计有超过50万册图书汇集在亚历山大图书馆，供人参阅。

在建成后的几百年间，亚历山大图书馆虽因频频遭到战火侵袭而被彻底摧毁，但是馆藏书籍中有一部分仍旧流传到了世界各地，对后世产生了深远影响。这座图书馆使得亚历山大城成为古希腊文化的智慧之都。欧几里得利用这里的藏书完成了《几何原本》的创作；埃拉托色尼利用职务之便，借助藏书里的知识完成了地球周长的测量；阿基米德在这里学习，奠定了科学的基础；赫罗菲拉斯在亚历山大城进行过解剖学研究，推动了该领域的发展。我们可以畅想一下，如果亚历山大图书馆没有被毁灭，人类的科学技术能取得怎样的成就。

亚历山大图书馆是最早的人类文明软基建之一，它所代表的古希腊文明被完整地保存下来，并与多重文化相互交织，持续发展壮大，对人类文明的发展与延续做出了伟大的贡献。

像亚历山大图书馆这样的软基建，在人类历史上还有很多，它们既是人类文明的助推器，也是人类文明的标志。而硬基建的发展与变迁，更是清晰地展示出了人类文明的发展路径。

如今，在中国广袤的大地上，大国基建飞速发展，甚至有人用"逢山开路，遇水搭桥"来形容中国基建的雄伟壮观。其实，这是有历史渊源的，从大禹治水起，中国人就开始了漫长的基建历程。经过大禹疏浚、治理后的黄河，为人类的繁衍生息提供了条件，从此具备了基础设施的属性。作为中华民族早期重要的"基建项目"，黄河将上下游的各个部落连接起来，使它们融为一体，对华夏民族的形成与发展起到了重要作用。黄河带来的灌溉便利，让华夏民族从以狩猎为生的生产方式进化成耕作和养殖，开始步入农耕文明。毫不夸张地说，黄河"基建"铸就了中华文明的开端。

到了秦朝，秦始皇掀起了基建狂潮，在全国范围内进行大规模的工程建设，不仅修建了在今天都令人叹为观止的长城、阿房宫、郑国渠，还修建了秦直道。秦直道是中国最早的国道，也是那个时代的"高速公路"——通过它，从当时的咸阳出发三日之内可直达长城脚下。

隋炀帝修建了京杭大运河，把长江和黄河两大水系连接起来，实现了南北经济、文化等众多方面的交流，加速并巩固了中华民族的统一。明太祖修建了驿路，往北一直修到了松花江、黑龙江流域，往西更是从四川延伸到了西藏拉萨地区，传统的川藏茶马古道在此基础上得以巩固和进一步发展。

通过不断地推动大规模的基础设施建设，中国将越来越多的人口纳入中华民族这个命运共同体中，经济的发展、国家的统一、社会的文明进步皆由此而来。

当然，基建并不是古代中国人的独门绝技，在西方，罗马人也深刻地认识到了基建的重要性。

公元前312年，罗马人开始修建"阿皮亚大道"，这也是历史上第一条罗马大道。从那时起，罗马人所到之处，几乎都有罗马大道。在罗马帝国最为强盛的时期，有29条大道从首都罗马延伸出来，所以才有了我们现在常说的"条条大路通罗马"。而罗马的文明也随着罗马大道不断传播，可以说，罗马大道修建到哪里，罗马的文明就传播到哪里。著名的罗马历史学家普鲁塔克将罗马帝国的强盛归功于一种文明对其他文明的同化，而对这种同化做出最大贡献的就是罗马式基建。

到了近现代，美国能够从殖民地逐渐发展成为超级大国，也离不开基建。

从获得独立开始，美国人就大力修建铁路，遍布全境的铁路网使美国的各个州融为一体，为美国的崛起和强大奠定了基础。这之后，美国又开启了海洋新基建计划，先后在世界各地修建了多个海军基地，覆盖了包括苏伊士、巴拿马、马六甲、波斯湾等在内的诸多海上交通枢纽。凭借强大的海军力量，美国的世界强国地位得到了进一步巩固。

1992年，美国的基建发生了一个根本性的变化，开始向着虚拟世界进军。这年2月，克林顿在他的竞选文件《复兴美国的设想》中提出："50年代在全美建立的高速公路网，使美国在以后的20年内取得了前所未有的发展。在人类将要迈入信息时代的21世纪，美国若要继续繁荣，就必须建设通往未来的新'道路'。"

1993年9月，入主白宫的克林顿宣布实施一项新的高科技计划——"国家信息基础设施"（National Information Infrastructure，NII）。NII就是后来震惊世界的美国信息高速公路建设计划，其主要内容是计划投资4000亿美元，用20年将电信光缆铺设到所有家庭用户，使普通美国人也可以用上非电话的通信服务，包括图像、声音，实现家家户户能上网，从而推动美国进入信息化生活、工作乃至生产的新时代。

为确保这一计划的顺利实施，1996年，美国政府制定了《1996电信法》，打破传统通信商的藩篱，鼓励私人资本参与电信业，并强制传统通信服务商扶持互联网发展。在通过法律开道拓途的同时，美国政府还投入巨资进行信息高速公路的基础设施建设。仅1996年到2001年，美国就建设了1.3亿公里光缆，占全球光缆总长的40%。

在美国政府的大力支持下，社会资本大量涌入信息产业，一批批新技术与新公司应运而生。微软、IBM、谷歌、亚马逊等美国高科技公司的蓬勃发展，都得益于此。

而在东方，中国能用短短几十年的时间从一个相对落后的农业国家发展为世界第二大经济体，谱写中华民族伟大复兴的新篇章，生生不息的基建至关重要。

从建国初期通达全国的铁路、公路管网，到各个城市便捷的轨道交通建设，再到新世纪的高铁以及全球领先的 5G 网络，每当掀起一轮基建狂潮，中国经济就会出现一次高速增长。

在基建领域，中国取得的成就数不胜数：截至 2024 年年底，中国是唯一一个拥有约 14 亿人口且能做到全民通电的国家，电网覆盖面排名世界第一；高速公路通车里程达到 19 万公里，高铁总运营里程超过 4.6 万公里，都是世界第一；拥有 1265 多万通信基站，数量世界第一。

世界最高桥花江峡谷大桥、世界最长桥丹昆特大桥、世界最长跨海大桥港珠澳大桥，都是中国人建的；北京三元桥整体换梁工程建设者只用了 43 个小时，就让一座桥从无到有，重建后立即恢复了交通；2020 年新冠疫情刚暴发时，中国人用了 10 天左右的时间就建成了火神山、雷神山两座传染病医院，创造了令人震撼的"中国速度"……种种基建奇迹，改写了神州大地的时空格局，也成为一张张令世界震撼的"中国名片"。

经济的发展和国家的兴盛都是建立在完善的基础设施之上的。甚至可以说，所有的文明，都是建立在强大的基础设施之上的。而在数字时代，数字化基础设施也将成为从工业文明到数字文明的桥梁。

数字基建是数字时代的"黄河"

过去，以铁路、公路、机场、港口、桥梁、水利等"铁公基"为代表的传统基础设施推动着人类文明的不断进化，而到了数字时代，数字化基础设施成了数字经济的底座与基石。传统制造业要想进行数字化转型、向智能制造进化，则需要以工业互联网为基石；无人机、无人驾驶等智能技术的发展与应用，要以车联网和智能化交通基础设施的打造为前提；水电气服务等城市公共基础设施的数字化转型，也离不开城市物联网的日益完善，等等。简而言之，数字基建就是数字时代的"黄河"。

数字化基础设施主要是指基于新一代信息技术演化生成的基础设施，比如，以 5G、物联网、工业互联网、卫星互联网为代表的通信网络基础设施，以人工智能、云计算、区块链等为代表的新技术基础设施，以数据中心、智能计算中心为代表的算力基础设施等。现在已经成为人们日常生活中必备工具的移动支付、作为人工智能技术最新迭代成果而火爆全球的 ChatGPT，以及在军事和民生等各个领域都发挥着巨大作用的 GPS 都是现代社会不可或缺的数字化基础设施。这些数字化基础设施不仅是国家战略性、先导性、关键性的基础设施，更是支撑经济社会转型发展的战略基石。只有数字基建完善，数字社会的建设和经济的转型升级才具备坚实的基础。

数字化基础设施为数据的汇聚、碰撞、融合、共享、流通、交易提供了基本的土壤。无论是通信网络基础设施、新技术基础设施，还是算力基础设施都有很长的产业链，它们合起来构成了从数据采集到决策的全过程，支撑数据作为新的生产要素发挥重要作用，从而使产业各要素、各环节全部数字化、网络化，推动业务流程、生产方式变革重组，进而形成新的产业协作、资源配置和价值创造体系，催生更多基于数字经济的技术创新、认知创新和场景创新。

神州信息承建的国家级苹果产业大数据中心就是数字化基础设施赋能传统产业提质增效升级的典型案例。

对人们来说，吃苹果是一件非常平常的事情，不过，对中国的苹果产业可能了解得并不多。现在中国已经成为世界上最大的苹果生产国，苹果的种植面积和产量均占世界50%以上，中国的苹果产业已经从"有没有"进入到了"好不好"的新阶段。在这个新阶段，苹果产业迫切地需要引入数据这个新型生产要素来破解信息不对称、投入要素配置不合理、自然灾害和病虫害监测预警能力不强、产销衔接不顺畅等难题，以此提高苹果产业的创新力、竞争力、品牌建设能力和全要素生产率。为了解决这些难题，农业农村部研究提出了单品种全产业链的农业农村大数据推进思路，力求以苹果、生猪、茶叶等品种的大数据试点为切入点和突破口，为整个农业农村大数据发展应用提供可学习、可借鉴、可复制的机制、模式和经验。

作为苹果产业大数据中心的承建者，神州信息在陕西洛川不仅进行了全域苹果树数据的采集，还采集了每一寸种苹果的土地及其土壤情况和经济归属，以及生产服务中如施肥、灌溉的时间、用量等一系列数据。

苹果不是稀缺水果，具备大宗商品属性，这个特点使苹果产业的大数据应用成为现实：如果对一个县、一个市、一个省乃至全国的数据进行采集，就可以提供很好的大数据应用场景，比如为农业信贷提供服务。很多农民在种植初期缺少资金买农药、化肥，通过苹果产业大数据中心这一平台，就可以使问题迎刃而解。比如，通过信用大数据，可以根据具体的农户设计信用模块，不同于传统的抵押方式，而是根据过去他种植的苹果的产量情况和当年的天时地利等数据授予信用额度。只需几分钟就能决定是不是可以放款一万元或者两万元，让农民先贷款买农药、化肥，或者买水浇地，等苹果卖出去之后再还款。

大数据对于农户的作用不止于此。在苹果种植生长的过程中，可能会遇到虫害、水土不服、品种改变等问题，这时候每一个农户，哪怕家里只有2亩果田，也可以通过苹果产业大数据中心迅速找到附近的农业专家，进行现场咨询或者果树"疑难杂症"的互联网远程会诊。

不仅如此，苹果产业大数据中心还可以推进农业生产向精准化、智能化、高效化的现代农业发展。我去新西兰考察的时候，印象最深的是它卖的苹果品种繁多，而且有些品种非常贵。其实，每个人的口味都不同，有人喜欢吃甜的，有人喜欢吃酸的，有人喜欢吃脆的，还有人喜欢吃"面"一点的。如果能实现差异化生产，像苹果这样的农产品的价值就会大大提高。而苹果产业大数据中心就可以通过大数据形成各个苹果品种的标准，将苹果的各个指标细化，针对不同需求的消费者提供不同的品种。

通过苹果产业大数据中心这个数字化基础设施的建设，

我们可以用大数据、物联网以及人工智能等技术服务生产、经营、流通、消费等各个环节，并对整个过程进行控制，保证产出，在社会化服务方面提供更多的价值。

这个从一颗苹果开始的故事，可以说是数字基建的一个缩影。其实，不只是苹果产业，也不只是农业，数字基建为各个产业、各个领域的技术快速应用、组织变革以及商业模式创新都提供了载体和手段，以促进传统产业向数字化、网络化、智能化转型升级，为经济发展注入新的驱动力量。

除了促进传统产业转型之外，数字基建所发挥的另一个重要作用，是为传统基建赋能，使数字经济与实体经济深度融合，从而催生新产业、新业态、新模式。工业时代传统的"铁公基"的重要价值在于连接，它们能通过连接实现人、物以及资金在更大空间的流动。而在一切皆可数字化的数字时代，数字化基础设施的功能不仅在于连接，更重要的是赋能，是利用数字技术对传统基础设施进行改造，赋予其感知、物联、智能反馈等能力，从而实现数字化、自动化、智能化转型升级。

智能交通基础设施就是一个典型代表。在工业时代，传统基建中的交通主要是指铁路、公路、地铁、机场等重大交通设施。而在数字时代，这些交通设施已经进化为智能交通基础设施。看上去似乎只是多了"智能"两个字，然而，智能交通基础设施并不只是对传统交通基础设施的智能化改造，更是通过数字技术的广泛应用为整个交通行业的发展带来全方位促进。

智能交通的一个重要的发展方向是基于人工智能的车路协同、自动驾驶、智能出行，比如神州数码就曾经凭借自身在数云融合领域的实践，为某全球知名汽车零部件供应商搭建了路测场景下的智能数据采集与分析平台，实现了从底层设备数据采集到高阶业务指标转化的全链路数据价值挖掘。

众所周知，自动驾驶离不开更高的算力、更优的算法、更好的数据。其中，自动驾驶数据可谓核心中的核心。这听起来似乎很简单，实际上却涵盖了数据的采集、脱敏、标注、仿真等一系列难点各异的处理环节，并且厂商的数据需求背后还存在对效率和性价比的更高要求。因此，一个能够实现海量自动驾驶数据管理的自动数据采集系统就成了客户所需。

由于自动驾驶数据主要来源于各类设备，对零部件供应商而言，其不但为主机厂商提供各类零部件，对零部件的性能及特质更加熟悉，而且还能够采集到这些设备的信号数据。因此，挖掘数据背后的价值，就成了上述全球知名零部件供应商在自动驾驶时代的新机遇。然而，与航天领域的原子钟面临的技术挑战类似，实现数百个车载零部件的高精度时间同步本身就是一项复杂工程。为此，该零部件供应商构建了覆盖硬件接口、数据采集以及软件处理的完整的自动驾驶数据解决方案，为整车厂商提供端到端的自动驾驶数据治理能力。

在这家全球知名零部件供应商看来，自动驾驶数据的动态管理是一项重点工作。神州数码起初认为，云计算凭借遍布全球的数据中心和网络节点、超大规模的数据存储能力以及云端大规模的 AI 计算处理集群，是自动驾驶企业解决一系列数据难题的最好倚仗。然而，神州数码在项目中发现，由于该零部件供应商在自动驾驶中采集的数据量过于庞大，仅仅依靠云的带宽已经不足以满足需求，因此打造一个本地私有的数据中心就成了必然选择。

依托自身在数云融合领域的深厚积累，神州数码发现这家零部件供应商需要一个数据平台来帮助其在数字化转型期间提升数据驱动的业务洞察力。因此，神州数码从零开始帮助其搭建起了自动驾驶系统的整体数据平台，确定了数据平台的基本架构和数据流的构建方法论，实现了数据湖、源数据存储数据库、web 监控界面、任务调度平台等各个模块任务的编排和监控等工作。我相信，这些努力会提升通行效率、保障交通安全，也为解决城市交通拥堵的难题提供了一种可行的方案。

不只是智能交通，智能能源、智能城市、智能工厂、智能医疗等智能社会新场景、新应用也在不断涌现，这些都是数字基建孕育出的新价值网络和新服务体系、新物种和新业态。

数字基建不仅能与实体经济融合，促进产业升级，更为社会的发展与进步提供了强大的推动力。今天，社会治理中遇到的很多问题，都可以结合数字基建来思考，从而找到新的出路。

比如普惠金融。农村老百姓、中小微企业主这两类群体长期以来信用体系不完善，导致银行等金融机构在现有风控体系下，难以提供有效的金融贷款。这是普惠金融无法实现的主要症结所在。过去，这个棘手的难题一直悬而未决，而数字基建的逐步完善则提供了一个新的突破口。通过"科技＋行业＋数据"的融合创新，借助数字供应链、数字风控和数字普惠等手段，农村老百姓、中小微企业主等广大普惠金融群体的金融获取难题切实得到了解决。例如，神州数码、神州信息和邮储银行共同打造的"神州金服云"平台，就基于传统的供应链场景，将链上企业的核心数据资产化并与银行风控模型相匹配，极大地降低了中小微企业的授信成本，为它们获取贷款带来了方便。

再比如"双碳"。"双碳"是一个全球性话题，在碳排放问题上，如果只靠给每一个工厂安装传感器来监督它的碳排放这种传统方式，是无法根本解决问题的。而数字基建完成后，我们就可以在此基础上设计一些新的机制，如创造"碳币"这种数字资产——给每个人发一定数额的"碳币"，"碳币"可以用来消费。有人省了一度电，他将获得相应金额的"碳币"，有人多消耗了一度电，他就需要买"碳币"，从而实现全社会的碳中和与碳管理。在数字基建的基础上解决"双碳"问题的新方向还有很多，值得我们不断探索。

可见，数字基建是连接未来的纽带。有了这条纽带，我们才能打造一个更加适合并且能促进数字经济发展的社会环境，使数据这种新的生产要素能够更全面、更深入地融入经济、社会并充分发挥价值，从而构建一个全新的智慧社会。

数字基建提速：以云为基，以开源为引擎

云的力量，超乎想象

AI 的兴起，改变了信息和知识的生产方式，重塑了人类与技术的交互模式，催生了无数新思维、新技术、新业态，更开启了我们对通用人工智能（AGI）的无穷想象。它掀起的新一轮科技革命，不断拓宽人类未来发展的边界，使我们站在了一个新世界的起点上。

潮头观澜，明者因时而变。各行各业，从航空工业、医疗健康，到网络零售、教育培训，再到机械制造、旅游服务，无不"好风凭借力"，开始部署人工智能。从乡村到城市，从农业到服务业，AI 的浪潮席卷一切。我们所熟知的世界，无论是生意、生产，还是工作、生活，几乎都因 AI 而被重构。机遇与挑战，一同奔涌而来。

面对这个全新的世界，数字基建也迎来了新的挑战：必须进入高速推进的快车道，以庞大的算力、海量的数据、强大的算法为 AI 提供强有力的支撑，以加速度助力 AI 在千行百业的落地与普及。如果没有数字基建的支撑，AI 就成了无源之水、无根之木。

但难题在于：如何使数字基建提速？数云融合战略给出了答案：以云为基，为数字基建夯实底座；以开源为引擎，赋予数字基建新的动能。

云是数字经济最重要的支撑点，是数字基建的基石。我们常说要透过现象看本质，云的本质是什么呢？是商业模式的创新。

在工业时代，产品为王，一家企业想要立足于市场，获得生存

空间乃至竞争优势，必须和竞争对手拼产品——谁的产品功能强，谁的产品性能好，谁的产品价格低，谁就能赢得更多顾客，抢占更多市场份额，赚取更多利润。因此，几乎所有企业都会把全部资源集中于产品的经营和销售，如果能把一个产品做成爆品，就有望在自己的行业里所向披靡。而服务则是依附于产品而存在的，只能创造附加价值。虽然到了后工业时代，服务业在社会经济中的比重有了很大的提升，服务的价值也得到了重视，但仍被看成是产品的延续。

而在数字时代，一切都不同了，产品仍然很重要，但从核心变成了支撑，而服务则变成了新的核心，甚至很多企业从销售产品转为销售服务，这样的例子比比皆是。

通用电气（GE）是世界上最大的飞机引擎制造商之一。过去，GE卖的只是飞机引擎，而现在，GE卖的是智能服务——用智能飞机引擎让飞机更智能。它在飞机引擎上安装了各式各样的传感器，当飞机在空中飞行时，这些传感器就会持续收集各种数据，这些数据传输到地面，经过智能软件系统分析后，就能精确监测飞机的运行状况，甚至预测飞机故障，提示做预防性保养等，从而提升飞机的安全性以及延长引擎的使用寿命。现在，在GE飞机引擎整个产品生命周期中，引擎销售所创造的价值占比已经越来越低，而引擎的保养、维修等服务成了GE的主要利润点。

英格索兰是英国的一家老牌工业公司，空调压缩机是它的主要业务之一。随着这一市场的竞争日益白热化，这家公司及时转变思维，把空调压缩机变成了智能的可联网产品，把自己的定位从销售单一产品改为销售安全、舒适的环境。英格索兰的一个很有意思的创造是"合同能源管理"模式，这个模式能帮客户在整个产品生命周期中节约至少1/3的开支，并且持续不断地为客户提供满足其需求的服务，由此获取丰厚的收益。

时代变了，企业面临新的挑战——数字时代，所有企业尤其是高科技企业，必须具备强大的智能化服务能力，依靠服务这一纽带，将企业的技术、运营、管理等串联起来，形成智能化服务全价值链，满足客户的需求，为客户提供更好的体验、创造更大的价值。

智能化服务能力离不开数据，离不开计算，更需要强大的算力。不是每家公司都有能力去建造这样的平台，而且，即便对那些实力雄厚、规模庞大的企业来说，建造、运营与维护这样的平台也是一件成本极高、投入巨大的事情。而这恰恰是云存在的价值。

当我们用电的时候，不必自己建一座发电厂，只要接入电网、插上电源，就能获得源源不断的电力，按需使用。在这个过程中，我们不需要关注发电厂的运营、供电站的维护，只需要按照使用量支付电费即可。我们在使用水和天然气的时候也是如此。就如同水、电、气的供应模式，在云上，大量的计算资源被集中在一起，统一管理和调配。企业不必自己建造平台，不需要购买服务器硬件、操作系统软件等IT基础设施和应用，也不用维护和管理，就能以按需租用的方式轻松地获取自己所需的计算资源，并可以随时进行弹性调整。

云的出现，意味着计算资源、计算能力也能作为一种商品通过互联网进行流通。这种全新的商业模式充满魅力：它高效，因为云上的资源不会闲置，而是会被需要它的人调配和使用，其价值能够得到充分发挥；它灵活，因为云上的资源随时随地都可以获取到，而且可以按需使用，弹性增减，灵活地满足客户业务增长和应用动态变化的需要；它外延广泛，几乎所有数字技术都属于云的范畴，如物联网、区块链、元宇宙乃至 AI，都可以为云所用、创造价值；它能极大地助力企业实现降本增效的目标，当资源被有效利用时，带来的自然是使用效率的提升和单位获取成本的降低。

不过，如果你只把云看成一种按需租用计算资源的商业模式，那你对云的认知还不够深入。你一定低估了云的力量。

在数字时代，企业的另一个重要转变是从大规模、大批量生产转为定制化、多样化生产，这意味着生产成本的提升和生产效率的降低。而云可以将实体机器的行动转化为数据，利用物联网达成机器间信息的交换与整合，再通过云端服务与大数据分析，对生产、销售、出货等各个流程与环节进行优化，以云的规模化效应来补偿或克服定制化、小批量带来的增本降效问题，并且使企业的一切行动真正以客户为中心，最大限度地提升客户的服务体验。

在云的赋能下，人、数据和机器紧密地连接在一起，形成一个多层次交织关联的、开放的系统：人与人、人与机器、机器与机器之间可以进行沟通、进行信息和数据的交换，使物理世界信息化，信息世界智能化；通过对海量数据进行计算与分析所得出的经验，可帮助企业快速捕捉客户的需求，随时感知市场环境的变化，及时做出清晰判断和实时反应，做出更理智、更精准的决策。

云的力量不止体现于赋能企业，更体现于它对整个社会的赋能。作为最底层的基础设施，云就像水、电、气一样，无声无息地存在于我们的生活中，很多人虽然每天都生活在云上，却丝毫意识不到云的存在。实际上，从摆地摊的扫码付款到进出货管理，从直播带货到供应链管理，从农产品种植到餐桌上食品的溯源，从工厂设计到生产制造、客户管理，从查阅航班信息到网上一站式办理各种政务……这一切都是以云为支撑的。

云从不强调拥有，而是以共享的方式，让整个社会都向着更高效、更美好的方向发展：

> 高德地图、百度地图等地图软件开放自己的 API 接口给美团、京东、饿了么等生活服务类 App。这些 App 可以更方便地获取用户的位置信息，实现位置共享，让用户以最快捷的方式了解到外卖员、快递员的地理位置，为用户免去了在茫然中焦急等待之忧。
>
> 支付宝、微信支付等主流支付平台，通过为各个电商平台提供标准化支付接口接入服务，使这些电商平台的用户可在结算时自主选择采用何种已接入的支付方式。这种多支付选项的并行接入模式，使用户的支付流程变得更加便利。现在，我们不论走到哪里，只需要带一部手机就可以购物、消费。

当然，这些案例不过是沧海一粟，它们的价值在于让我们看到了云所创造的无限可能。未来，随着大数据、算力与算法技术的不断成熟，随着更多企业、更多人漫步"云端"，我相信，云的力量将会进一步迸发出来，云上的世界也会更加生机盎然。

共享，带来的是共赢的云生态。在云端，每一个环节都不是独立存在的，每一个参与者在为客户提供服务的同时也在接受别人的服务，所有参与者都以价值共创为目标，以数据和资本为驱动，深度融合，互相支持。原本各自为战的商业个体，由此融合为一个共生、共享的有机整体，商业文明由此发展到利他、共赢的新阶段。

这是一个由量变到质变的过程，规模是指数级的，而由此带来的则是蓬勃发展的数字经济。每一个身处其中的参与者都将因此而受益。

开源是数字基建的引擎

我们身处的这个世界总在不停地变化，只是有时变化跌宕起伏，如农业革命和工业革命带来生产力的跃迁、世界格局的重塑，有时变化又是润物细无声的，在悄无声息中支撑、促进着社会基础设施的建设及产业完善——开源正是如此。

在软件价值链中，开源是非常重要的一环，更是软件创新的源泉。时至今日，开源已经深入互联网产业的骨髓，为全球商业带来了持续而深远的影响。对数字基建而言，开源也是有力的引擎。无论是互联网还是云计算、大数据、人工智能、区块链，都是由开源生态驱动的。

开源，顾名思义，就是"开放源代码"，但它不仅仅代表着软件源代码的开放，更体现了自由、共享的精神和文化。从某种程度上来说，它就是自由的化身，是技术民主化的产物。

开源运动的兴起与发展堪称一曲荡气回肠的史诗，其整个历程折射出了人类社会的文明之光。

在计算机的早期发展阶段，主流计算机文化视软件为知识，而不是单纯的商品。这一时期，一群充满自由分享精神与激情的极客积极推动着技术创新，他们主张软件作为人类智慧的结晶，应当免费开放，并且很自然地把软件的开发看成一项学术研究活动，非常乐于与其他人分享自己的研究成果。在这种开放、自由的氛围之下，很多优秀软件应运而生，比如，著名的 Unix 系统以及基于这一系统而生的很多软件，就是在这种自由分享的过程中问世的。

可惜的是，这种"桃花源"一般的自由生态很快就被终结了。最初，IT 产业的商业价值主要集中在硬件上，软件最初由硬件制造商开发，通常作为硬件的附加赠品提供，其主要目的是促进硬件销售，软件与硬件之间存在紧密的绑定关系。20 世纪七八十年代，随着计算机硬件技术的成熟，软件逐渐与硬件解绑，其重要性日益凸显。同时，政策上也开始明确对计算机软件的版权保护。因此，软件逐渐从免费的附加品转变为具有独立商业价值的产品，开始实行收费并走向商业化，软件开源领域的共享时代从此宣告终结。

在这场软件从免费开源向收费闭源的变革中，作为商业软件时代的代表，微软公司的创始人比尔·盖茨成了软件版权保护的主要倡导者。1976 年，比尔·盖茨发表了《致电脑爱好者的公开信》，他认为硬件收费而软件免费的现象不公平,强调这种"侵权"行为阻碍了优秀软件的开发。随后,软件版权保护制度取得胜利,微软也在商业上取得了巨大成功。

然而,微软的商业态度令很多开发者痛心疾首,在他们看来,开源是一种精神,它是为自由平等而生的,每个人都应该自由地获取软件资源及其源代码,这些资源不应该受到少数商业公司的控制。商业化的种种限制和垄断不仅极大地阻碍了创新,还会导致各种软件产品出现诸多问题。

"卡纸"事件的发生便成了开发者们奋起反抗商业垄断的催化剂。20世纪80年代初,麻省理工学院(MIT)AI实验室获赠了一台激光打印机,在实际使用过程中,这台激光打印机经常"卡纸",实验室的研发人员深受其苦。作为实验室的一员,理查德·马修·斯托曼(Richard Matthew Stallman)希望解决这个问题,其实,解决方法很简单——只要对源代码进行适当的修改、调试即可,然而,打印机制造商施乐公司却拒绝提供源代码。

施乐公司的拒绝,激起了理查德等人对封闭开发环境的反抗。以理查德为首的年轻开发者们发起了自由软件运动,并成立了自由软件基金会(Free Software Foundation,FSF)。这不仅是一个开发者联盟,更是一支推动软件自由理念、倡导知识共享和协作精神的先锋队。理查德提出"软件的自由就是人类的自由",并且创造了一个源代码完全开放的操作系统GNU,允许所有开发者自由使用、复制、修改和分发源代码。

作为美国自由软件运动的精神领袖,理查德做出了巨大的贡献,其中最值得称道的是为自由软件建立了道德、政治及法律框架。也因此，他被人们公认为自由软件的斗士、伟大的理想主义者。但是，开源不只是理查德一个人的壮举，它背后有着互联网势不可挡的自由分享精神，更有着无数勇敢者的不懈努力。

20世纪90年代，计算机科学家林纳斯·托瓦兹（Linus Torvalds）开发了Linux操作系统，这在自由软件运动发展史上是一个巨大的转折点，它不仅打破了技术壁垒，更推动这一运动进入了新的发展阶段。托瓦兹认为，互联网的基本精神就是开放和共享，因此，他将Linux开源，允许开发者随意使用，唯一的要求是大家把开源运动的精神传递下去，并且免费公开修改后的代码。在托瓦兹的倡导和推动下，自由软件运动开始风靡世界，越来越多的开发者参与其中。

"自由软件"的英文是"Free Software"，这使很多人对自由软件运动产生了误解，将其与"免费软件"联系在一起，为自由软件运动蒙上了一层阴影。在这一背景下，越来越多的人开始放弃"自由软件"的提法。1998年2月，前瞻学会（Foresight Institute）的执行董事克里斯蒂娜·彼得森（Christine Peterson）倡议采用"开源软件"（Open Source）代替"自由软件"，这一提议得到了包括埃里克·雷蒙德（Eric S. Raymond）在内的众多开发者的支持。由此，自由软件运动演变为轰轰烈烈的开源运动。

从"自由软件"到"开源软件"，表面上看只是说辞的改变，实际其背后是理念的变革。"自由软件"一直以来所倡导的是一种非商业化的乌托邦式的理念，而"开源软件"虽然强调源代码的开放，却也并不排斥商业化实践,这在自由分享精神与商业利益之间找到了一个平衡点,从而实现了多赢。

也正因为如此,与自由软件运动相比,开源运动的影响力更大,影响范围也更为广泛,就连很多大型企业也逐步加入到这一运动中来。与此同时,"开源"的含义也从原来的"开源软件"拓展到了更多的领域,后来更是演变成一种与封闭开发并行的软件协作开发形式,并且日益呈现超越、压倒前者之势。

在人类社会的发展史上,一场革命或者运动要想走向最终的胜利,往往离不开一份纲领性的文献。在开源运动中,1999年埃里克·雷蒙德出版的被誉为"开源圣经"的《大教堂与集市》就发挥了这样的作用。在该书中,他用"大教堂"和"集市"这两个易于理解的形象来代表两种不同的软件开发模式。其中,"大教堂"模式是指自上而下进行软件开发,它是封闭的、垂直的、集中式的,由一群精英进行顶层设计,然后按照既定的计划执行,最终完成开发任务。而"集市"模式则是指自下而上进行软件开发,在这个模式中,没有人占据主导地位,凭借普通开发者的自组织,汇聚集体的力量和智慧共同完成复杂的开发任务。与"大教堂"模式相比,"集市"模式的特点是并行、点对点、动态,重视多人协同。尽管开发环境看起来混乱无序,但是"集市"模式却能设计出极具效率与生命力的软件,比如Linux这种世界级的操作系统。埃里克·雷蒙德认为,随着互联网的深入发展,越来越多的"大教堂"会消失,而"集市"却会更加繁荣,原因就在于开源。

该书彻底颠覆了传统的软件开发思维,给整个软件开发领域带来了深远的影响，开源运动也从此有了自己的"独立宣言"，发展得如火如荼。20多年后的今天，无处不在的开源软件构建了整个互联网的基础。

这就是开源运动，它高扬开放、共享、协作与自由的旗帜，以挑战权威、打破垄断为目标，通过"开放源代码"这一手段追求技术的互助互利，努力在技术世界打造一个"人人为我，我为人人"的自由王国。

现在，越来越多的企业意识到了开源的价值——站在"巨人"的肩膀上可以有效地避免资源浪费、促进持续创新、实现快速迭代，开放、共享、协作、自由的开源模式渐渐发展成为新一代的软件开发模式，并成为科技产业发展的重要驱动力。谷歌、IBM等公司纷纷加入到开源运动中，就连曾经反对开源的微软也成了开源运动的中坚力量，更以75亿美元收购了世界上最大的代码托管平台GitHub。

从自由软件到开源软件，再到今天的开源生态，开源的力量日益凸显。数字时代，开源已经成为数字经济发展的基础，为数字科技的进步带来了源源不断的驱动力。据《"十四五"软件和信息技术服务业发展规划》公布的数据，"全球97%的软件开发者和99%的企业使用开源软件，基础软件、工业软件、新兴平台软件大多基于开源，开源软件已经成为软件产业创新的源泉和'标准件库'"。

在过去20多年的探索中，我也越发认识到，开源是数字技术的一种颠覆，是对传统信息技术的一次革命。过去，信息技术以软件为特征，主要掌握在极少数的高科技公司手中。而开源是一种科技制度的民主化与自由化，能实现技术的均等化。以Nginx为例，它使整个开发和运营的环节变得简单，从而推动技术向更加民主化、自由化的方向演进，打破技术垄断，形成全新的社会竞争力。

这对于数字基建尤其重要，因为数字基建的发展来源于基础软件的构建，而开源生态让更多开发者共享自己的技术成果和经验，提高了开发者的技术产出效率，使创新的力量不断被释放出来，促进了技术的迭代升级。这极大地加速了数字基建的进程，让数字化转型驶入新的赛道。

在技术范式的更替中，开源也扮演了至关重要的角色。云原生技术范式中的很多核心技术，如边缘计算、K8s 等都是开源技术。对整个技术范式的更替而言，实现 API 的自由流动是最核心的问题。在云原生的环境下，开源为任何人都可以使用 API 创造了条件，从而实现了数据的自由流动。

如今，世界上各个主要国家都在积极地利用开源技术推动技术创新和产业发展，在云原生、大数据、人工智能等多个领域，形成了一批很有影响力的国际开源基金会和开源平台，比如 CNCF。

全球开源浪潮奔涌向前，中国也主动参与到开源生态的构建中，成为全球开源软件的主要使用者和核心贡献者。中国开源领域迎来了蓬勃生长的"春天"，大批成果涌现出来：开放原子开源基金会挂牌成立；木兰（Mulan PSL）获得开源促进会（Open Source Initiative，OSI）的批准，成为中国第一个国际通用开源协议；工业和信息化部等部门选定基于 Gitee 建设中国独立的开源托管平台……

越来越多的中国科技企业在拥抱开源。华为是中国最早使用开源软件和参与开源软件生态的公司之一。从 2019 年开始，华为在基础软件领域陆续开源了操作系统 openEuler、企业级数据库 openGauss、全场景 AI 框架 MindSpore，以加速基础软件的创新和发展。其中，openEuler 是独立演进的原生开源操作系统，具备多架构支持、内核级创新、云原生软件栈、云边协同等特性；openGauss 是华为深度融合在数据库领域的多年经验，结合企业级场景需求，开发出的具有独特优势的企业级开源数据库；MindSpore 是全场景的开源 AI 计算框架，具有开发友好、运行高效、部署灵活的特点。华为持续不断地进行基础软件开源方面的投入，并且做出了巨大的贡献，现在已经成为中国开源生态的领军者和实践者。

一些新崛起的 AI 企业也开始拥抱开源，比如国内领先的 AI 企业 DeepSeek 主动开源其核心技术，站在技术民主化的前沿，以开放的心态和共享的精神，推动 AI 技术的普惠化。通过开源，DeepSeek 不仅打破了技术壁垒，促进了 AI 技术的快速迭代和创新，更进一步推动了数字基建的发展。

神州数码也积极加入到构建开源生态的队列中。神州数码将开源软件和技术当成重要的业务方向之一，并与 PingCAP、Odoo、Nginx 等开源社区展开合作，为中国企业提供创新的开源技术和开放式混合云解决方案，促进开源创新活力的加速释放。在云原生、数据库、代码仓库、JDK、服务网格等当下热门技术栈相关社区，神州数码都有所贡献和布局。2023 年 4 月，神州数码通明湖云和信创研究院发布了下一代云原生应用引擎 OpenNJet，并将其捐赠给开放原子开源基金会孵化，内容包括代码、知识产权、商标等。神州数码希望在开放原子开源基金会的开源框架下，持续发展和壮大 OpenNJet，从而汇聚更广泛的用户和生态合作伙伴，拓展开源生态版图。

不仅如此，神州数码还利用自己的生态影响力，推动了云生态和开源生态的融合。2022年12月，神州数码联合两大生态伙伴微软Azure和极狐GitLab，打造了一体化云端DevOps平台。脚踏实地、步步为营的生态建设使神州数码为企业的数字化转型持续创造多赢的价值。

彼得·德鲁克认为，互联网最大的贡献在于消除了距离。这也正是开源的价值，它以开放、共享、协作、自由为核心价值，让企业与生态链上的各个合作伙伴实现更紧密的合作与协同，为企业经营管理乃至社会经济发展带来更有效的资源利用和价值创造方法。任何一个有责任感的企业都应积极拥抱开源，主动融入开源生态，用技术普惠世界。

新蓝图，新未来

《失控：机器、社会与经济的新生物学》的作者凯文·凯利说："只需要让每个人都能随时与他人以及其他事物相联通，就能共同创造新事物。有了人类共享的互联互通，现在看来不可能发生的奇迹将变得可能。"

回望人类的发展历程，从连接南北的京杭大运河到近200年前世界上第一条铁路通车，从打通欧亚大陆的古代丝绸之路到中国与世界互利共赢的"一带一路"，从连接世界并开创了一个"新的世界"的互联网到日益兴起的元宇宙和人工智能……时空的距离被逐渐抹平，人与人、人与社会、人与世界之间的联系越来越紧密、多元，人类的命运也因此交融在一起。人类每一次具有突破性意义的互联互通，都会带来世界格局、产业体系、制度文化等方面的颠覆。在数字时代，全球经济秩序及利益格局正在加速重构。

在这样一个时代，中国完全有机会实现从"跟跑者"到"领跑者"的跨越。因为，如火如荼的数字基建正在引领中国进入数字经济发展的全新赛道。数字基建一方面激发出强烈的投资需求，另一方面承接着广阔的消费市场，持续不断地为中国的经济增长提供新动能，更助力中国企业成就行业数字化转型的新速度。

这既体现在数字化基础设施的进步上，比如在5G、云计算、物联网、大数据、人工智能等领域，中国不但已经与世界领先国家并肩同行，在有些领域甚至实现了赶超，如华为5G、阿里巴巴与腾讯的移动支付等；也体现在中国数字经济企业的井喷式发展上，比如，现在中国软件和信息技术服务业规模以上（年销售额在500万元以上）企业已经近4万家，中国数字经济企业同业竞争已经进入白热化，越来越多的同类型外企因为缺乏竞争力而逐步退出了中国市场。

数字基建带来的不只是国家的强盛，更是社会波澜壮阔的加速发展。对个体来说，它带来了全新的生活方式、消费习惯、工作方式。对企业来说，它带来了巨大的机遇和新的赋能方式。对行业来说，它带来了更多的发展路径和行业变革。对社会来说，它带来了一场深刻的、自上而下的社会变革。未来，金融将与实体经济更加紧密地结合在一起，普惠金融将使越来越多的弱势群体、小微企业受益；乡村将实现全面振兴,成为产业兴旺、环境宜居、生活富裕、乡风文明、治理有效的美丽家园;"人与自然和谐共生"的绿色画卷将被细致描绘,"山水田园"也将成为中华民族诗意的栖居方式。

站在数字基建筑就的高台上远眺,一幅数字时代新蓝图在我们面前恢宏铺展开来,然而这并非终点,而是新纪元的起点。

第 6 章 ◀ CHAPTER 6

走出中国特色的
AI 发展之路

  基建的最高价值不在于其本身,而在于它点燃的火种。当数字基建的江河奔涌成势,一场更深刻的变革正在浪尖酝酿——跨越山海的光缆、星罗棋布的算力中心、昼夜不息的数据洪流,终将催生数字时代的大跃迁。正如京杭大运河推动了唐宋商业文明的发展,5G 网络与云计算架构的蓬勃发展为 AI 提供了进化的土壤,也为中国特色的 AI 发展铺就了独特道路。

  而让 AI 在这片土壤上长出"通专融合"的东方智慧,既是数云融合战略的终极试炼,更是中国从"跟跑"到"领跑"的关键一跃。

AI 普惠化开启技术民主化的新纪元

从 ChatGPT 到 DeepSeek：AI 普惠化的演进

2025 年开年以来,"DeepSeek"的现象级爆火,再一次点燃了全球对 AI 的热情。短短一个多月的时间,DeepSeek 迅速渗透到各行各业,从技术研发到实际应用,彻底改变了人们对 AI 的认知和实践方式。这种快速普及的背后,不仅是技术的进步,更是 AI 普惠化趋势的集中体现。

回想上一个引发如此广泛关注的技术突破,还是 2023 年初在一夜之间风靡全球的 ChatGPT。ChatGPT 的横空出世,是 AI 技术从专业领域走向大众视野的重要转折点。这款能写诗编程、答疑解惑的 AI,让普通人第一次真切地触摸到了通用人工智能(AGI)的轮廓。它让人们直观地感受到了大语言模型的强大能力,并深切地意识到 AI 不再是遥不可及的高科技,而是可以广泛应用于日常生活和工作的实用工具。

然而,ChatGPT 的成功也带来了一个普遍的认知:AI 的发展依赖于"堆参数、卷模型、大力出奇迹"的暴力美学。比如,有调查报告指出，OpenAI 训练 ChatGPT-3.5 时足足用了上万张英伟达 A100 显卡，单次训练的耗电量相当于 3000 个家庭一年的用电量之和。这种模式虽然能够推动技术快速进步，但也带来了高昂的成本和巨大的资源消耗，使 AI 的应用主要集中于少数科技巨头和资金雄厚的实验室。这种技术垄断不仅加剧了资源的不平等，还限制了 AI 技术的创新和应用范围。

DeepSeek 的出现打破了科技巨头筑起的资本高墙。这个开源模型仅用 550 万美元成本和 2000 张显卡，就达到了与 ChatGPT-4.0 比肩的性能。它通过优化算法和模型架构，大幅降低了算力需求，使 AI 技术的应用不再依赖于昂贵的硬件设备和庞大的计算资源，使更多企业和个人负担得起 AI 技术的应用成本。

更重要的是，它通过开源的方式，大大降低了企业落地大模型的技术门槛。开源的方式不仅使更多开发者和企业参与到 AI 技术的研发和应用中，还极大地促进了技术的共享和创新。开发者可以基于开源模型进行二次开发，企业可以根据自身需求定制 AI 解决方案，从而推动 AI 技术在各行各业的广泛应用。DeepSeek 这种"四两拨千斤"的技术路径，让 AI 从少数人的专利变成了"全民狂欢"。

AI 的普惠化并非一蹴而就，而是技术发展和社会需求共同作用的结果。回顾历史，我们可以从计算机和智能手机的普及中找到类似的轨迹。

1946 年，全球第一台通用电子计算机 ENIAC 诞生时，它只能支持每秒 5000 次的加法或每秒 400 次的乘法运算，体积庞大且成本高昂，仅限于少数科研机构和军方使用。直到 20 世纪 80 年代，PC 的普及才真正让计算机走进了普通家庭，成为日常生活的一部分。PC的普及不仅推动了计算机产业的快速发展，还催生了互联网、电子商务等一系列新兴产业，颠覆了人类社会的运行方式。

而智能手机将计算机的功能集成到一个便携的设备中，使计算能力变得无处不在。今天，智能手机已经成为人们生活中不可或缺的一部分，甚至被形容为"身体器官"一般的存在。智能手机的普及不仅改变了人们的生活方式，还推动了移动互联网、社交媒体、移动支付等新兴技术的快速发展。

AI 的普惠化也正在经历类似的过程。从 ChatGPT 到 DeepSeek，AI 技术正在从实验室走向大众，从高成本、高门槛的专业工具变成低成本、易使用的普及技术。这种转变不仅将推动 AI 技术的广泛应用，还将催生新的商业模式和社会变革。

AI 普惠化的真正力量

开源生态的繁荣加速了 AI 的普惠进程。在开源社区 GitHub 上，DeepSeek 的源代码被下载了几百万次，衍生出医疗、法律、教育等垂直领域的分支模型，一场新的技术民主化浪潮由此掀起。

而当技术门槛与成本降至临界点、技术从"神殿"走向市井时，AI 也开始渗入社会的各个细微层面，重塑社会经济的底层架构。

在云南勐腊县医疗资源匮乏的偏僻村镇，村民通过手机里的 AI 问诊系统，只要进行简单的操作，就能实时监测健康状况，并享受在线向医生咨询的便捷服务。当技术门槛降低到这种程度，医疗资源的

"最后一公里"困境正在被悄然化解。

江西某乡镇中学的语文老师,利用开源 AI 工具搭建了作文批改系统。这个能分析情感倾向、识别逻辑漏洞的 AI 助教,不仅将教师从重复劳动中解放出来,更通过个性化反馈激发了学生的写作热情。值得关注的是,系统训练数据全部来自该校历届学生作文,这种"在地化智能"避免了通用模型的水土不服。

小微企业成为普惠化的最大受益者。广东中山某灯具制造企业用开源 AI 重构了海外电商运营:自动生成符合不同文化审美的产品描述,实时监测 20 个平台的定价波动,甚至能根据客户邮件语气调整谈判策略。这些过去需要投入百万元资金才能实现的能力,现在通过订阅开源服务即可获得,成本下降了两个数量级。浙江某县城五金厂的技术员,用开源工具包将质检流程改造为 AI 驱动模式:旧手机摄像头搭配边缘计算盒子,实现了零件瑕疵的实时检测,误判率从人工检查的 15% 降至 1.2%,而改造成本不到 3 万元。这种"土法炼钢"式的创新,颠覆了传统工业智能化必须依赖高端设备的认知。

这些创新没有豪华实验室或亿万元资金的支撑,却展现出惊人的生命力——它们诞生于真实需求,成长于开源协作,最终反哺更广泛的技术进化。

这也是当前这场 AI 普惠化浪潮的最特殊之处——它不仅是技术扩散,更是创新范式的重构。当小镇青年能用开源模型开发智能灌溉系统,当退休教师可以训练 AI 创作诗歌,当街边餐馆通过 AI 优化菜品搭配时,我们看到的不是技术奇迹,而是人类创造力的解放。这种解放或许才是人工智能的最大价值——不是取代人类,而是让每个普通人都能成为技术进化的参与者。

"通专融合"的东方智慧

AI 发展的巨大挑战

普惠化是 AI 在全社会大规模推广的前提，但是，要让 AI 真正成为社会生产力，仅仅依靠技术的普惠化是远远不够的。AI 的潜力远不止于此，其终极进化方向是通用人工智能（AGI），即一种能够在广泛任务中表现出与人类相当甚至超越人类能力的智能系统。AGI 代表了 AI 技术的最高理想，也是推动社会生产力变革的关键驱动力。

经过过去一段时间的积累和发展，AI 技术在专业性和泛化性两个维度都有了长远的线性发展。

专用人工智能展现出了高度的专业化，它如显微镜一般聚焦于特定领域，并且表现出色。如苹果的 Siri、OpenAI 的 DALL·E2、DeepMind 的 AlphaFold2 等，其中，AlphaFold2 所获得的突破性成就更是这类 AI 的巅峰之作——它能预测超过 2 亿种蛋白质的三维结构，准确率超越人类专家，甚至因此助力科学家获得诺贝尔奖。然而，这样一个强大的 AI 却无法回答"今天天气怎么样"这样简单的日常问题。

通用人工智能则具有更广的泛化能力，不仅能够处理复杂的专业问题，还能够适应新的情境，解决跨领域的问题，表现出前所未有的灵活性和适配性。DeepMind 的 Gemini、OpenAI 的 GPT 系列、Meta

的 Llama 等都属于通用人工智能大模型，它们能写诗、编程、解答百科知识，展现出接近普通人的认知广度。不过，尽管这些通用模型在泛化能力上表现出色，但它们在解决高度专业化的问题时往往力不从心，缺乏深度的专业理解和精准性。

如果用一个比喻来理解这两种模型，那么，我们可以把专用人工智能看成深海潜水器，能在垂直领域潜至万米深度，却无法浮出水面观察海面风景；而通用人工智能则如同观光游轮，能巡游广阔的海域，却缺乏深入海底的能力。而我们期待的 AGI，应该是一艘既能在深海探索又能在海面航行的全能科考船。因此，在 AI 发展的过程中，兼具专业性和泛化性的"高价值区域"才是关键所在。

"高价值区域"是上海人工智能实验室主任、首席科学家周伯文教授在其报告《以通专融合方式构建 AGI——路径与关键问题探索》中提到的概念，我对此深表认同。他提出，AI 的发展需要在专业性和泛化性之间找到平衡，只有在这种"高价值区域"（见图 6-1 右上角圈出来的区域）内，AI 才能真正释放出潜力。

这个区域具备以下两大核心特点：在横轴"专业性"上，AI 能力应达到或超过 90% 专业人士的水平；而在纵轴"泛化性"上，AI 需要达到广义人工智能级别的泛化能力，以极低的成本实现不同任务之间的迁移。

"高价值区域"不仅是 AI 技术发展的目标，也是 AGI 路线图中的关键所在。然而，要实现这一目标，AI 技术还需要克服许多挑战。比如，如何让大语言模型在保持泛化能力的同时，还能精准解决专业问题，正是当前 AI 发展面临的最大挑战。

第 6 章 走出中国特色的 AI 发展之路

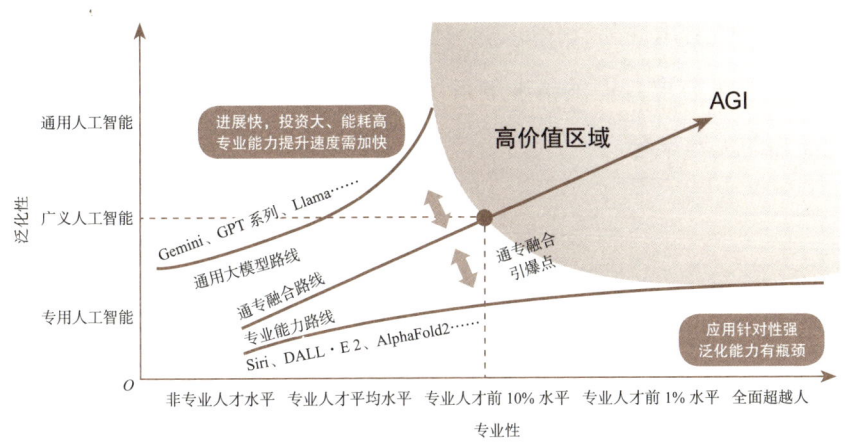

图 6-1 AI 的两种发展路径以及"高价值区域"

资料来源：周伯文教授在 CNCC2024 大会上所作的特邀报告《以通专融合方式构建 AGI——路径与关键问题探索》。

关于 AGI 何时能够实现，业界众说纷纭。有人认为再过 3 年，AGI 就会全面到来，也有人认为需要 5 年、10 年，甚至有人认为以目前的技术方向，AGI 可能永远无法实现。然而，对商业社会的主体——企业来说，等待并不是一个可行的选项。企业面临着激烈的市场竞争和不断变化的消费者需求，迫切需要通过 AI 技术提升生产效率、优化业务流程、推动创新，从而在数字时代保持竞争力。

但企业所面临的问题远比预测单一的蛋白质结构复杂得多，前者往往是多个高度专业化、相互交织的复杂问题的集合。比如，在医疗领域，医院不仅需要 AI 精准诊断疾病，还需要它能够结合患者的病史、基因信息、生活习惯等多维度数据，提供个性化的治疗方案；在制造业，企业不仅需要 AI 优化生产线，还需要它能够预测市场需求，管理供应链，并实时调整生产计划。这些问题的解决，不仅要求 AI

具备强大的通用性和泛化能力，还需要它能够深度适配特定行业和企业的专业化需求，提供精准的解决方案。而这正是 AI 技术在企业落地面临的关键难题。

"通专融合"驱动企业拥抱 AI

在这种背景下，通专融合成了 AI 在企业落地的核心路径。中国传统文化中的"道器合一"思想，为破解这一难题提供了重要启示：既要掌握通用规律（道），又要精通具体应用（器）。这种思维模式，正是中国企业探索通专融合的底层逻辑。

通专融合的核心在于，不仅保留大模型的强通用性和泛化能力，使大模型能够理解和生成通用的语言、知识以及任务解决方案，而且通过深度适配，服务于企业的具体业务场景，解决企业的具体问题。

通专融合不仅是技术上的突破，更是企业数字化转型的关键。这种融合使 AI 成为通用生产力工具与定制化业务解决方案的结合体，既保持通用智慧，又具有深入企业细分业务板块的专业能力，从而最大限度地利用大模型的潜能，推动企业的数字化转型与业务创新。

在探索通专融合的实践道路上，神州数码给出了自己的答案——神州问学平台。在前几章中，我零散地提到了神州问学在企业数字化转型过程中的作用，下面我将以这个平台为例，系统地为大家阐述通专融合是如何促进 AI 在企业落地的。

神州问学通过对企业数据资产的治理与管理，实现流程的自动化编排，进而利用这些数据资产生成并训练出大量 AI 智能体，再对这些 AI 智能体进行运营与管理，从而为企业提供完整的通专融合解决方案，帮助企业在安全、可控的环境下，构建针对自身业务需求的专属模型。其核心逻辑可以概括为：以企业知识资产为燃料，以持续学习机制为引擎，通过动态资源调度实现价值释放，最终驱动业务流程的智能化重构。

企业在应用 AI 技术时，面临的首要问题是如何处理庞大的、散落在各个系统中的非结构化数据。这类数据形式多样，包括文本、图像、音频、视频等，如何将这类数据转化为可供模型训练的高质量数据集，是企业实现 AI 落地的关键一步。神州问学通过知识管理模块，帮助企业将这些非结构化数据进行标准化处理，形成可供模型训练的高质量数据集。这个过程不仅包括数据的清洗和标注，还会结合领域内专家的知识，对关键数据点进行深度标注，以增强模型的专业理解能力。

此外，神州问学还利用数据合成技术生成高质量的合成数据。例如，在医疗行业，神州问学可以生成从症状到诊断的逻辑链路数据，帮助模型更好地理解和推理复杂场景。这种数据生成技术不仅弥补了真实数据的不足，还进一步推动了模型的专业化。通过这些手段，神州问学帮助企业将散乱的数据转化为结构化的知识，为 AI 模型的训练和应用提供了坚实的基础。

在数据准备就绪后，企业面临的另一个关键问题是如何将通用模型快速调适为专属模型。神州问学通过微调（Fine-tuning）和提示调优（Prompt-tuning）等技术，将通用模型与企业专有数据和生成数据相结合，快速调适为企业的专属模型。这种专属模型不仅能够处理企业的具体业务需求，还能够通过强化学习框架，将企业的实际业务场景反馈作为奖励信号，用于优化模型的决策逻辑。

针对复杂的多步推理任务，强化学习能有效改进模型的多步决策路径，从而提升任务完成率和准确性。比如，在金融领域，AI 模型可以通过强化学习优化投资决策的逻辑；在医疗领域，AI 模型可以通过强化学习优化诊断和治疗方案的决策流程。此外，神州问学还建立了持续学习流程，确保模型在使用过程中不断收集新数据并进行周期性训练。通过实时监控模型性能，并结合 A/B 测试和效果评估，神州问学能够定期更新模型参数，确保其始终处于最佳状态。

在企业内部，AI 的应用往往需要多个模型的协同工作。神州问学通过任务分配模块，实现了通用大模型与多个专属模型的无缝协作。根据任务的复杂度和相关知识领域，神州问学能够智能地将业务请求分配给最适合的模型进行处理。例如，在处理客户服务请求时，通用模型可以用于初步的问题分类和回答，而专属模型则可以用于处理复杂的业务问题。这种动态的任务分配机制，不仅提升了模型的运行效率，还为企业提供了灵活的技术解决方案。

此外，神州问学还会通过资源池化和虚拟化技术，帮助企业建立一个全局的算力资源池，实现算力资源的高效共享与动态调度。根据不同模型的需求，神州问学能够智能地分配算力资源，从而提升计算效率。比如，在模型推理阶段，神州问学通过"批量推理"将多个请求合并为一个，进行批量输入，从而提升运行效率和计算资源的利用率。同时，神州问学还采用混合精度计算（如 FP16 和 INT8）的方式，在推理阶段对模型权重进行处理，显著降低对算力的需求，同时不影响结果质量。

在企业应用 AI 技术的过程中，算力成本是一个不可忽视的问题。神州问学通过多种技术手段，帮助企业提升算力使用效率，从而降低 AI 应用的总体拥有成本。比如，平台通过流水线并行和张量并行的策略，将大模型的计算任务分散到多个 GPU/TPU 上并行执行，进一步提高吞吐量和吞吐率。在模型推理阶段，神州问学的推理优化模块可以大幅度提升算力使用效率，在保持首次生成 Token 时间（TTFT）可接受的前提下，吞吐率提升 100%，从而使客户的 AI 应用总体拥有成本下降了 30%。

此外，神州问学团队还将推理优化方面的收获回馈给了开源社区，推动了整个行业的技术进步。这种开放合作的态度不仅提升了神州问学的技术影响力，还为更多的企业提供了低成本、高效率的 AI 解决方案。

如今，神州问学已经成功帮助众多企业实现了 AI 技术的深度应用：协助企业完成了成千上万份专业业务文档的体系化知识治理，并基于这些知识构建企业模型，为 AI 应用提供了高质量的数据基础；帮助多家企业对其在各个专业领域的大模型进行持续训练和持续优化，确保模型能够随着业务需求的变化而不断进化；支持多家企业实现 AI 智能体的体系化开发和运营管理，通过 AI 智能体的动态协作，提升企业的自动化水平和运营效率。

在实际应用中，神州问学已经取得了显著成果。

比如，神州问学帮助一家商业地产企业以极低的成本实现了 AI 智能体与现有系统的深度集成，大幅削减了算力成本。这一成果不仅降低了企业的技术投入，还大幅提升了系统的运行效率。

再如，神州问学还帮助一家大型电商购物平台构建了意图识别的基础框架和标准流程。通过整合大模型能力、AI智能体工作流和检索增强生成（RAG）等技术，实现了对电商业务中售前、售中和售后等10余类意图的精准识别，整体识别精准率和召回率均超过98%。即使在业务高并发的情况下，单条问答的平均响应时间也能控制在3秒以内。这一成果不仅显著提升了用户体验，还大幅提高了电商业务的实际运营效率。

更让我深受触动的一项应用，是神州问学帮助国内一家知名医院打造的胰腺癌术后智能诊疗系统。

据国家癌症中心与国际癌症研究机构（IARC）统计，仅2022年，中国就新增了482.47万癌症病例，因癌症死亡的人数高达257.42万。⊖在所有癌症疾病中，胰腺癌的恶性程度最高，也最难治愈，给无数患者带来了巨大痛苦。国内某顶尖胰腺癌治疗医院基于丰富的临床经验发现，术后并发症是导致患者死亡率居高不下的关键因素之一。

基于这一痛点，我们与这家医院展开深度合作，通过整合专家们多年的临床诊疗经验，成功研发了能有效预防胰腺癌术后并发症的智能诊疗系统。这个基于神州问学平台的智能诊疗系统目前诊断准确率可以达到94%，不仅为医生提供了强有力的决策支持，更构建了一个持续优化的医疗知识平台。

⊖ 澎湃新闻.国家癌症中心刚刚发布：2024年全国癌症报告 [EB/OL].（2024-07-10）[2025-07-24].https://www.thepaper.cn/newsDetail_forward_28031161.

该智能诊疗系统的价值体现在多个维度。首先，它能综合分析海量临床数据，辅助医生识别可能被忽视的并发症风险因素。毕竟，即使是经验再丰富的专家，也难以全面掌握所有复杂因素，但该智能诊疗系统却能进行系统性的精准评估。其次，通过将专家经验数字化、智能化，实现了医疗知识的沉淀、共享与传承，使宝贵的临床知识得以在行业内共享。最后，该智能诊疗系统还具备持续学习能力，随着临床数据的不断积累，其诊断准确率还将持续提升。

我们期待这一智能诊疗系统不仅在胰腺癌诊疗领域发挥作用，更逐步拓展至其他肿瘤疾病的辅助诊断中；不仅应用于手术环节，更渗透到医疗服务的多个关键环节，包括麻醉管理、重症监护等临床场景。或许有一天，它会被纳入标准诊疗流程，成为临床决策中不可或缺的重要部分，进而形成"AI+医生"的协同诊疗新范式，实现人机协同诊断的良性互动，为减轻患者痛苦、全面提升医疗质量提供智能化支持。

神州问学的这一创新实践很有意义。中国拥有全球最庞大的病例数据，更积累了丰富的诊疗经验。通过 AI 与医疗实践的深度融合，我们正在探索一条具有中国特色的智慧医疗发展道路，这不仅能够充分发挥我国在医疗数据资源方面的独特优势，更能通过技术创新将优质医疗资源普惠化，促进全民健康水平的整体提升。

站在产业变革的转折点上，神州问学的实践揭示出 AI 落地的终极要义：真正的通专融合不在于技术参数的堆砌，而在于构建持续进化的数字生态系统。这个系统既能消化吸收最前沿的通用智能，又能扎根企业特有的知识土壤；既保持对技术变革的开放姿态，又深谙商业价值的实现路径。当越来越多的企业踏上这条融合之路，我们将见证数字文明与产业文明的深度交融。

AI for Process：AI 在企业落地的关键跃迁

通专融合使 AI 成为推动企业数字化转型的核心驱动力，那么，具体来说，企业该如何正确应用 AI，从而实现 AI 价值的最大化呢？

要回答这个问题，我们需要回归企业运营进行思考。无论是企业、科研机构还是政府单位，目前都是依靠流程来运转，最终通过人和事务的交互完成整体运作。从这个视角来看，企业在应用 AI 时应以流程为核心展开能力建设。

回顾历史，流程再造一直是推动产业变革的核心动力。20 世纪初，亨利·福特在福特汽车公司率先采用流水线生产方式，以高效率、低成本创造高产能，让汽车走进人们的生活，成为人人都能买得起的交通工具，使 20 世纪成为"汽车的世纪"。福特的流水线不仅是技术的创新，更是业务模式和管理方法的革命。它重塑了整个社会，催生了高速公路、汽车旅馆等一系列新经济形态。

流水线的成功并非偶然，它体现了技术范式、业务模式和管理方法的深度融合。福特之后，丰田的精益生产模式进一步优化了流水线，推动了日本汽车产业的繁荣。而今天，特斯拉的"Unboxed Process"（开箱工艺）正在革新已有百年历史的汽车流水线。这些案例表明，流程再造不仅仅意味着技术的进步，更是企业持续创新的核心驱动力。

在数字时代，企业的流程同样扮演着"流水线"的角色。企业的流程决定了其运营效率和竞争力，而 AI 技术的引入则为流程再造提供了全新的可能性。

如果将企业比作生命体，那么，流程就是"肌体"，是组织协作的基础形态，而 AI 则是"营养元素"，使"肌体"快捷、高效、灵活运转。在这一过程中产生的数据则是"血液"，是贯穿流程节点的核心要素，通过流动与循环赋予"肌体"感知力与行动力。以流程为"界面"，实现三者的协同共振，让数据流动得更高效，让 AI 应用得更精准，企业就能成长为具备自我进化能力的"数智生命体"，在数智化竞争中构建不可撼动的核心壁垒。

过去，AI 与流程是赋能关系，AI 作为一种工具赋能流程，提高流程的效率。随着 AI 的深入发展，尤其是大模型的爆发式演进，AI 与流程的协同价值被推向新高度，它们之间的关系也从工具赋能演变为深度重构。流程作用于 AI，AI 又反作用于流程，二者协同进化，如图 6-2 所示。

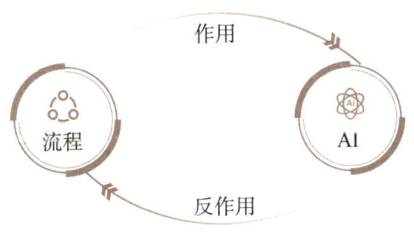

图 6-2　流程与 AI 的作用与反作用

基于此，如何将 AI 深度嵌入流程之中，成为企业数字化转型的战略级命题。在此背景下，我们创新性地提出了"AI for Process"这一概念，并绘制了 AI for Process 架构蓝图，如图 6-3 所示。

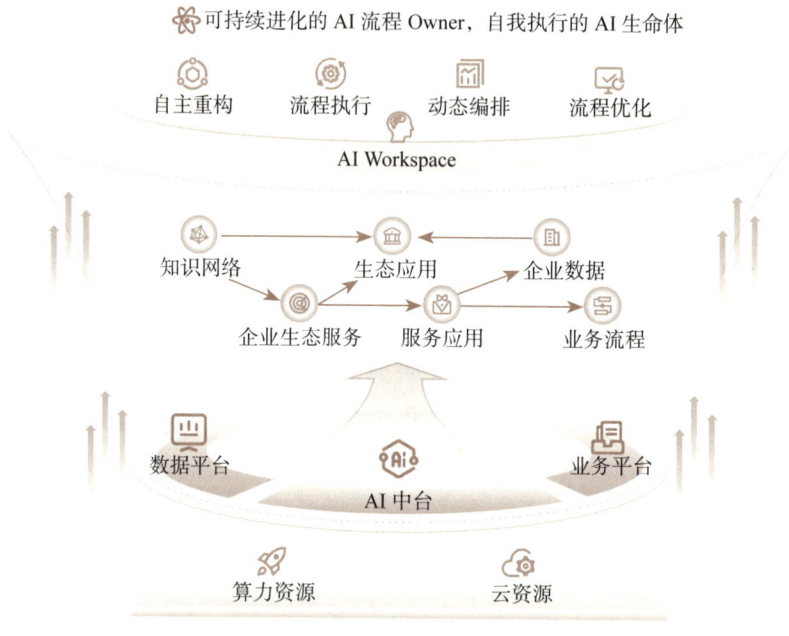

图 6-3　AI for Process 架构蓝图

在最初提出这一概念时，我与众多行业相关人士进行过深度交流，我观察到一个亟待澄清的认知误区——许多人将"AI for Process"简单地等同于流程自动化。这种理解显然未能把握这一概念的本质内涵。事实上，"AI for Process"不是单一的技术概念，而是以 AI 为核心驱动力的新型流程管理范式。它打破了传统流程管理的边界，为企业流程管理与执行提供了全新的方式。

从本质上看，AI for Process 是一套通过 AI 推动企业流程变革、实现价值跃迁的前沿方法体系，其核心目标在于构建一个生态化、体系化的行动框架，推动企业实现从单一的 AI 工具应用到系统性 AI 能力构建的范式升级。

以 AI for Process 为核心视角，企业可以构建更具创新性和竞争力的业务模式，利用前沿的 AI 技术深入理解复杂的业务逻辑之间的内在关联，从而实现流程的自动化执行与智能化决策，推动流程的自我优化与持续进化。

以银行业为例，信贷风险管理能力是银行的核心竞争力，这种能力通过高效的信贷管理流程实现。而通过 AI 技术，银行可以实现从客户需求识别到产品交付的全流程自动化。例如，当一位客户开始查询购房贷款信息时，AI 系统可以即时触发流程：第一步，分析客户信用评分、收入情况和消费习惯，快速生成预审批额度；第二步，根据实时市场数据和客户所在区域房价趋势，定制推荐合适的贷款产品；第三步，通过 API 将这些信息直接推送到客户的移动银行 App，附上个性化的视频或互动指南，帮助客户更快地完成决策。这种 AI 驱动的流程编排，不仅简化了客户体验中的每一个环节，显著缩短了从客户需求识别到产品交付的时间，而且降低了运营成本。

更重要的是，AI for Process 要求企业同步构建技术支撑体系、生态协同机制和组织适配架构，通过系统性的目标分解、方法论构建和演进路径规划，实现 AI 战略的全景化、有序化布局。这种全方位的视角，使 AI for Process 成为企业应用 AI 的最佳方式。

当然，AI for Process 的价值不仅在于提升流程的效率，还在于推动业务模式的创新。比如，在零售行业，AI 可以通过实时分析消费者的行为数据，动态调整商品推荐策略；在制造业，AI 可以通过对生产数据的实时监控，优化生产线的运行效率。这种动态化的流程管理不仅提升了企业的运营效率，还为企业创造了更多的商业机会。

未来的企业流程将不再局限于传统的线性操作模式，而是演变为以 AI 智能体为核心的动态编排与协作系统。AI 智能体通过实时交互和任务分发，能够高效完成复杂的跨部门、跨系统工作，以 AI 智能体为核心的方式将成为企业运营的主流方式。这种转变不仅仅意味着效率的提升，更是对企业核心竞争力的重新定义。

以神州问学平台为例，其 AI 智能体的编排空间已经成为 AI for Process 的载体。神州问学为企业提供了一个功能全面、结构化的环境，让企业内部的 AI 模型能够访问和解析多源异构数据。通过 AI 智能体的动态协作，企业可以实现从数据采集、分析到决策的全流程自动化。

比如，在一家零售企业的案例中，神州问学基于通用模型，结合数据合成、模型微调和 AI 智能体开发，打造了 AI for Process 框架，将工具选择准确率从基础模型的 28.1% 大幅提升至 95.6%，显著超越了 Chat GPT-4.0 的 88.1%。这一突破不仅优化了企业的业务流程，还为其带来了更高的运营效率和客户满意度。

此外，神州问学还通过"敲碎"传统应用的方式，将传统业务的逻辑细化、模块化、API 化，使 AI 智能体能够直接调用和执行。这使得企业能够更加灵活地拆解和重组现有系统和流程，从而获得敏捷性和创新能力。未来的企业流程将更多地表现为 AI 智能体之间的编排与对话，从而实现与人和其他系统的高效协作。

当下，AI for Process 正以前所未有的深度和广度，重构企业经营管理的各个层面。它的成功落地与规模化应用，不能只停留在技术部署层面，而是一场触及组织核心、影响深远的深刻变革。这要求企业管理者未雨绸缪，提前制定系统性的应对策略。

在人才培养方面，企业应注重培养员工的 AI 素养。一方面，强化员工的 AI 技术应用能力，通过系统培训，使员工能够熟练运用 AI 智能体完成工作任务；另一方面，培养员工的人机协作能力，包括如何清晰地向 AI 智能体传达任务需求、如何有效管理 AI 智能体的工作进度与质量、如何与 AI 智能体协同解决问题等，从而提升整体工作效率。同时，鼓励员工不断学习与创新，提升自身的创造力、判断力与情感沟通能力，以充分发挥人类在复杂决策、创新思维和人际互动方面的独特价值，与 AI 智能体共同探索新型业务模式。

在技术范式上，企业应加大对 AI 技术的研发与应用投入，关注行业最新技术动态，积极引入先进的 AI 智能体平台。同时，根据企业自身业务需求，定制开发适合企业的 AI 智能体。通过技术创新，提升企业的智能化水平，增强企业在市场竞争中的优势。

在管理方法上，企业要打破传统的管理思维定式，搭建灵活的组织架构，构建适应人机协作的新型管理模式，制定合理的人机协作流程与规范，明确人类员工与 AI 智能体的职责分工，确保二者能够高效协同工作。此外，还需要关注数据安全与伦理问题。随着 AI 智能体在企业中的广泛应用，数据安全面临着更大的挑战。企业要建立健全的数据安全管理体系，保护企业与客户的数据安全。

即使到了 20 年后，驱动企业长期可持续发展的要素依然是业务模式、技术范式与管理方法，AI for Process 仍然是三者汇聚的核心，而 AI 智能体与人类员工的协同共生将为企业带来无限可能。展望未来，这种协同共生将分为三个发展阶段：AI 智能体初露锋芒，人机协作启航；AI 智能体深度融入，重塑工作格局；AI 智能体全面协同，开启超级个体时代。

　　让我们以开放的心态、前瞻性的思维，迎接这一变革的浪潮，引领企业在未来的市场竞争中乘风破浪，创造更加辉煌的业绩。因为，在这场人机协作的时代盛宴中，那些敢于创新、善于融合的企业，必将成为时代的弄潮儿，书写属于自己的传奇。

POSTSCRIPT 后　记

　　本书第一次创作于 2021 年，当时恰逢神州数码上市二十周年，我以本书向神州数码二十年的创业历程致敬。而这次修订再版，又正值神州数码创立二十五周年的重要时点，这一更新成了企业持续发展、不断成长的新注脚、新见证。

　　在修订本书的过程中，我的思绪无数次随着往事回到从前。

　　2000 年，神州数码从联想集团中拆分出来，独立启航。在为新公司命名之际，我恰好看到联合国的一份报告，报告中提到，发达国家与欠发达国家之间存在着一条巨大的数字鸿沟。我的心中油然升起了一股责任感：消弭数字鸿沟的过程就是实现中华民族伟大复兴的过程。作为一家从事信息技术业务的新公司，神州数码应该承担起这样的使命。因此，从诞生的第一天起，神州数码（Digital China）就成了我们的名字，也成了我们的使命。2001 年 6 月 1 日，在香港联合交易所的交易大厅，我们敲响了神州数码正式挂牌上市的钟声，从此踏上了新征程。

　　产业报国的初心和价值观，决定了神州数码的发展走向和未来——神州数码要做数字中国的探索者、实践者和赋能者。之所以说要做探索者，是为了给自己留一点余地，因为有可能会遭遇失败，有可能在前进的过程中"牺牲",毕竟,数字化道路该如何走,谁也说不清楚。之所以说要做实践者,是因为首先要从自身的数字化开始做起,要以自己为试验品,实现自我的数字化革命。而要做赋能者,是指如果探索出正确的道路,将来可以为他人提供数字化服务。当时我们希望,通过神州数码的努力,能推动全社会向数字化转型。

这条路并不好走,我们承受了必要的代价,做出了一定的牺牲,但仍然坚持屡败屡战,不断突破和前进。二十五年来,神州数码在基于对产业发展规律的认识和把握国家发展战略主脉搏的前提下,在数字化道路上不断探索和创新。从拆分之初几十亿元营收规模的小企业,发展为一个营收约为 1500 亿元的较大型企业集团,特别是在数字化前沿领域,凭借云、大数据和 AI 技术,神州数码赢得了战略业务的高速增长,成为国内领先的数字化转型合作伙伴。

经过无数个日夜的努力奋斗,我们终于打造了一个日益壮大的神州数码,一个走在数字时代前列的神州数码,一个面向未来、不断求索的神州数码。可以说,走到今天,我们没有辜负老一辈科学家和领导对我们的期望,没有辜负我们当初为自己确立的"数字中国"的使命。

这二十五年,是奋斗与成长的二十五年,也是探索与变革的二十五年。在这二十五年里,我不断地对互联网、对行业、对数字化进行观察与实践,我多年的思考都沉淀、凝集在这本书中,希望能为大家提供一个了解数字化的新视角、一条向数字化转型的新路径。

令我欣慰的是,本书出版后获得了社会各界的广泛关注和热烈反响。但我的思考与探索并未止步,因为我深知,我们正处于一个激流涌动、飞速变革的时代,无论是关于数字化的认知,还是企业数字化转型的理论与实践,都经历着日新月异的变化。不思则罔,不进则退。正因为如此，本书才有了第 2 版，我衷心希望，本书的修订与更新能带给读者新的思考与感悟，帮助读者在风起云涌的数字时代完成认知与思维的重构，以开放、协同、共生的心态投入到数字化实践中，在数字化转型这条路上走得更远一些。

我深知，我的观点不够全面，还有待继续完善，因此，我真诚地希望读者在阅读本书后能不吝赐教，提出宝贵的意见。

最后，我要感谢这个伟大的时代。我们有幸生活在这样一个大变革的时代，改革开放让我们有机会与世界同步，而数字化浪潮的到来，又让我们亲身参与到人类最伟大的变革之中。感谢这个伟大的时代，让我有机会实现自己的梦想和价值。

参考文献 REFERENCE

[1] 托夫勒. 第三次浪潮 [M]. 黄明坚, 译. 北京: 中信出版集团, 2018.

[2] 迈尔－舍恩伯格, 库克耶. 大数据时代: 生活、工作与思维的大变革 [M]. 盛杨燕, 周涛, 译. 杭州: 浙江人民出版社, 2013.

[3] 休谟. 人性论 [M]. 关文运, 译. 北京: 商务印书馆, 2016.

[4] 赫拉利. 今日简史: 人类命运大议题 [M]. 林俊宏, 译. 北京: 中信出版集团, 2018.

[5] 陈春花. 价值共生: 数字化时代的组织管理 [M]. 北京: 人民邮电出版社, 2021.

[6] 陈雪频. 一本书读懂数字化转型 [M]. 北京: 机械工业出版社, 2021.

[7] 西贝尔. 认识数字化转型 [M]. 毕崇毅, 译. 北京: 机械工业出版社, 2021.

[8] 尼葛洛庞帝. 数字化生存: 20周年纪念版 [M]. 胡泳, 范海燕, 译. 北京: 电子工业出版社, 2017.

[9] 王思轩. 数字化转型架构: 方法论与云原生实践 [M]. 北京: 电子工业出版社, 2021.

[10] 信息社会50人论坛. 数字化转型中的中国 [M]. 北京: 电子工业出版社, 2020.

[11] 陈新宇，罗家鹰，江威，等.中台实践：数字化转型方法论与解决方案 [M].北京：机械工业出版社，2020.

[12] 海飞门，习移山，张晓泉.数字跃迁：数字化变革的战略与战术 [M].北京：机械工业出版社，2020.

[13] 赵刚，张健.数字化信任：区块链的本质与应用 [M].北京：电子工业出版社，2020.

[14] 赵兴峰.数字蝶变：企业数字化转型之道 [M].北京：电子工业出版社，2019.

[15] 雷万云，等.云+AI+5G 驱动的数字化转型实践之道 [M].北京：清华大学出版社，2020.

[16] 马晓东.数字化转型方法论：落地路径与数据中台 [M].北京：机械工业出版社，2021.

[17] 付登坡，江敏，任寅姿，等.数据中台：让数据用起来 [M].北京：机械工业出版社，2020.

[18] 陈新宇，罗家鹰，邓通，等.中台战略：中台建设与数字商业 [M].北京：机械工业出版社，2019.

[19] 刘艳红，黄雪涛，石博涵.中国"新基建"：概念、现状与问题 [J].北京工业大学学报（社会科学版），2020，20（6）：1-12.

[20] 郭朝先，王嘉琪，刘浩荣."新基建"赋能中国经济高质量发展的路径研究 [J].北京工业大学学报（社会科学版），2020，20（6）：13-21.

[21] 邓寿鹏.中国信息化基础结构的创新与政府管理 [J].管理世界，1996（6）：107-111，118.

[22] 郭凯明，王藤桥.基础设施投资对产业结构转型和生产率提高的影

响 [J]. 世界经济，2019（11）：51-73.

[23] 胡冰洋. 推动我国第四次工业革命及颠覆性技术创新的分析和建议 [J]. 中国经贸导刊，2019（15）：30-33.

[24] 黄群慧. 改革开放 40 年中国的产业发展与工业化进程 [J]. 中国工业经济，2018（9）：5-23.

[25] 冷永生，王朝才，韩津萍. 公共基础设施项目企业所得税优惠政策问题探究——以网络型基础设施产业为例 [J]. 税务研究，2012（12）：36-39.

[26] 马荣，郭立宏，李梦欣. 新时代我国新型基础设施建设模式及路径研究 [J]. 经济学家，2019（10）：58-65.

[27] 于良春. 中国的竞争政策与产业政策：作用、关系与协调机制 [J]. 经济与管理研究，2018（10）：57-64.

[28] 方兴东，陈帅. 中国互联网 25 年 [J]. 现代传播（中国传媒大学学报），2019（4）：1-10.

[29] 汤博阳. "八纵八横"干线网筑起中国通信业的脊梁 [J]. 数字通信世界，2008（12）：17-22.

[30] 周宏仁. 中国信息化形势分析与预测（2012）[M]. 北京：社会科学文献出版社，2012.

[31] 尹丽波. 数字经济发展报告（2018～2019）[M]. 北京：社会科学文献出版社，2019.

[32] 魏琴，欧阳智，袁华. 数融未来：图解大数据 + 产业融合 [M]. 贵阳：贵州人民出版社，2018.

[33] 董晓松，等. 中国数字经济及其空间关联 [M]. 北京：社会科学文献出版社，2018.

[34] 何枭吟. 数字经济与信息经济、网络经济和知识经济的内涵比较[J]. 时代金融,2011(29):47.

[35] 欧阳日辉,文丹枫,李鸣涛. 大数字时代[M]. 北京:人民邮电出版社,2018.

[36] 中国信息通信研究院. 中国数字经济发展与就业白皮书(2019年)[R]. 2019.

[37] 贾映辉. 浅谈我国数字经济发展[J]. 互联网经济,2019(4):64-67.

[38] 鲍宗豪. 数字化与人文精神[M]. 上海:上海三联书店,2003.

[39] 陈志良,高鸿. 数字化时代人文精神悖论之反思[J]. 南京社会科学,2004(2):8-12.

[40] 奈斯比特. 大趋势:改变我们生活的十个新方向[M]. 梅艳,译. 北京:中国社会科学出版社,1984.

[41] 张怡. 数字化时代的认识论走向[J]. 江西社会科学,2004(3):12-18.

[42] 莱文森. 数字麦克卢汉:信息化新纪元指南[M]. 何道宽,译. 北京:社会科学文献出版社,2001.